OHSAMA BUNKO

ココロの謎が解ける
50の心理実験

清田予紀

三笠書房

はじめに……**人間の心は、大いなるミステリーに満ちている**

あなたは、「自分の心」について、どのくらい正確に知っているでしょうか。

私たちの心は、果てしなく広がる大宇宙と同じくらい不思議に満ちています。

わかっているつもりでわからないのが、自分の心。

ましてや、他人の心なんて、もっと複雑な謎に包まれています。

そんな私たち人間の**心のしくみを、「実験」することによって解明しよう**という試みが始まったのは、今をさかのぼること約140年前のことでした。

心理学者のヴィルヘルム・ヴントが1879年に、「心理実験専門のラボ」を、ドイツのライプツィヒに創設したのが最初だといわれています。

「こんな状況に置かれたとき、人はどう行動をするのか？」

「こういう条件下で、人はどのように感じるのか？　どう変化するのか？」

そんな実験から、**私たち人間の心の〝法則性〟**を見つけ出そうとする試み――それが心理実験です。

以来、数多《あまた》の心理学者が、心の不思議を解明するために情熱を燃やし、人生をかけて研究し、実験をした成果を論文にして発表してきました。

そうした研究が続けられてきたのも、**人間の心ほど奥深く、探求心を刺激される、ミステリアスなものはない**からでしょう。

本書には、そんな成果の中でも特に**「身近なことなのに不思議でたまらない心の謎」を解明した心理実験**を厳選して、50集めました。

「人はなぜ、正直なときもあれば、嘘をつくときもある？」
「何かが〝衝動的に〟ほしくなるのには、理由があるのか？」
「同じ経験をしたのに、人によって覚えていることが違うのはなぜ？」
「占いって、なんで当たるときがあるの？」
「運命の赤い糸って、本当に誰かとつながっているの？」

「誰にでも効果のある勉強法や、ダイエット法ってないものかな」etc.

そうした疑問の一つひとつに、実際に行なわれた心理実験を通して、答えを導き出します。

さて、あなたはどこまで、人の心を読めているでしょうか。ぜひ推理をめぐらしてみてください。

さあ、さっそく、〝心の宇宙〟を探検しに出かけましょう。

清田予紀

もくじ

1章 誰もがここに気づかない——「心の謎」を解き明かす
……「人間の本性」を明らかにする心理実験

2章

あの人との〝心の距離〟は、なぜ生まれ、どう縮まる？

……他人と自分の「秘密」が見えてくる心理実験

3章

あなたもすでに〝心理誘導〟されている？

……知るのが怖い「お金と消費」にまつわる心理実験

4章

心が「体」を変える、心が「現実」を変えていく

……心の持つ〝すごいパワー〟を証明した心理実験

5章

人を好きになる理由、心が離れる理由

……恋愛の〝微妙な揺れ〟を解明する心理実験

6章 人を自分を、「思い通り」に動かすことはできるのか？

……能力、やる気、モチベーションの心理実験

本文イラスト＊飛田冬子

1章

誰もがここに気づかない——「心の謎」を解き明かす

……「人間の本性」を明らかにする心理実験

人の心は、私たちが思っている以上に、
奥深く複雑に入り組んでいるもの。

ある状況下に置かれると――誰もが、
「予想のつかない行動」
「自分でも考えもしなかった行動」を
起こしてしまいます。

この章では、そんな〝心の死角〟を明らかにした
心理実験をご覧に入れましょう。

1 人が〝嘘つき〟になりやすいのは？

人が嘘をつきやすいのは、
午前中と午後、どちらの時間帯だと思いますか？

1 人の〝モラル意識〟は、朝と夜でこんなに変わってしまう

『だれでも1日200回はウソをつく!』。これは、ドイツの心理学者でジャーナリストでもあるクラウディア・マイヤー氏の著書のタイトルです。

「嘘は悪いこと。ついちゃダメよ」と、親から何度言い含められたことでしょう。

確かに嘘をつくのは悪いこと。けれど、嘘なしには人間関係を上手に築いていけなくなるのも事実です。「連絡できなくてごめん、スマホを忘れてきちゃってさ」「私の体重? 49キロくらいかな」「母さんの手作りカレーはやっぱり絶品だね」——どれも〝嘘も方便〟というやつです。

今回は、そんな嘘についての心理実験のお話。

実験によると、**午後の時間帯のほうが22パーセント、嘘は増える**のだそうです。

そんなユニークな実験を行なったのは、ハーバード大学のM・コウチャキ博士とユタ大学のA・スミス博士。

協力したのは、平均年齢24歳の62名の学生たちでした。

実験は8～12時まで（午前）と、12～18時（午後）に分けて行なわれました。

そこで学生たちにトライしてもらったのは、正直に答えてもそれなりのお金はもらえるけれど、ズルをすればするほどたくさんお金がもらえるという課題。

結果、午前中はお金の多寡《たか》に関係なく正直に答える人が多かったのに、午後になると欲が出てズルをする（嘘をつく）人が2割方増えたというのです。

つまり、**人は午前中のほうがモラル意識が高い**ということ。人にそのような心理が働くことを、博士たちは**『朝の倫理効果』**と名づけました。


嘘が増える理由。それは、時間の経過とともに増していく心身の疲れが原因の1つと考えられています。

疲れると人は自分をコントロールするのが面倒になり、道徳的な言動もできなくなるのではないかというのです。

ということは、道徳的・倫理的であることに努《つと》めたいときは、また、相手にもそれを求めるのであれば、午前中がおすすめということでしょうか。

たとえば、交渉事は駆け引きが付き物です。当然、会話の中には嘘や誇張《こちょう》が混じることでしょう。

でも、大事な約束となったら話は別です。できることなら、嘘偽りなく話したいもの。そういう改まった機会は、午後ではなく、互いに嘘がつきにくい午前中にセッティングするのが得策といえそうです。

また、恋人に浮気していることを白状させたいのなら、夜ではなく朝、問いただすほうが、あっさり打ち明ける可能性が高まるということ。

そう考えると、この『朝の倫理効果』、結構〝使い道〟がありそうです。

ただし、午前中はみんなが清廉潔白《せいれんけっぱく》になるわけではなく、先の実験においても午前中でもしっかり嘘をつく人がいたことは明記しておくべきかもしれませんが。

夜に近づくほど、人は嘘をつきやすくなる

2 人間の〝良心〟に関わる問題です

落とした財布が一番〝戻ってきやすい〟のは、次のうちのどれだと思いますか？

Ⓐ 慈《じ》善《ぜん》事業に寄付したことを示すカード入りの財布

Ⓑ 仲の良さそうな老夫婦の写真入りの財布

Ⓒ 笑顔の可愛い赤ちゃんの写真入りの財布

2 赤ちゃんを見るだけで、人の脳は活性化する

財布を拾った人がネコババしたり放置したりせずに、なんとしても元の持ち主に返したくなるような財布ってどんなものだろう――そんな発想から実験を行なったのは、イギリスの心理学者リチャード・ワイズマン博士。

博士は実験のために240個の財布を購入しました。そして、より財布らしく見せるためにその中に宝くじ、割引チケット、偽のメンバーズカードなど、ありふれたものを入れました。

また、240個を6つ（各40個）に分けて、次のようなものを、財布を開いたときすぐ目につくように入れたそうです。

①笑顔の赤ちゃんの写真　②可愛い子犬の写真　③幸せそうな家族の写真　④仲の良さそうな老夫婦の写真　⑤慈善事業に寄付したことを示すカード　⑥何も入れない

これらの財布をアトランダムに、通行人の多い通りに１個ずつこっそり落としました。

１週間後、２４０個中１０１個の財布が戻ってきました。回収率は42％。日本でやったら、もう少しは回収率は良かったでしょうか。

戻ってきた財布を調べたところ、それぞれの回収率は次のようなものでした。

①笑顔の赤ちゃんの写真　35％
②可愛い子犬の写真　19％
③幸せそうな家族の写真　21％
④仲の良さそうな老夫婦の写真　11％
⑤慈善事業に寄付したことを示すカード　８％
⑥何も入れない　６％

ダントツで「赤ちゃんの写真入りの財布」がトップだったということです。

なぜ赤ちゃんの写真入りの財布は、これほど戻ってくる割合が高かったのでしょう。

答えは、私たちの進化の過程に隠されていると博士はいいます。

オックスフォード大学の脳科学者が調べたところによると、**人は赤ちゃんの写真を見ると脳のある部位が活性化する**のだとか。

その部位は、宝くじが当たったり、大好きな物を手に入れたりしたときに働くところ。

そんな反応が起こるのは、**人類が種の保存のため、無力で無防備な幼児を見ると良い気持ちになり、手を差し伸べたくなるよう進化したから**だというのです。

つまり、財布を拾った人で赤ちゃんの写真を見た人は、「これは持ち主に返してあげなくては」というモチベーションが、他の写真のものより高まったということ。

「もし財布を落としたらどうしよう」と、一度でも不安になった経験のある人は、財布の中にお守り代わりに、赤ちゃんの写真を入れておくといいかもしれませんね。

赤ちゃんは人の〝良心〟をくすぐる

3 あなたの心が試されます

あなたは、日用品の買い物をするために、商店街に歩いてきたところです。
目の前には、いかにも路上生活者という風体の男が歩いています。
すると、その男が急に胸をつかんで苦しみ出し、その場に倒れてしまいました。
さて、あなたはどうすると思いますか?

Ⓐ 助けるために駆け寄る
Ⓑ 気にはなるけれど、たぶん通りすぎる

3 人はここまで〝第一印象〟に縛られる

初対面の人と会った際、第一印象でその人のすべてを判断してしまうことは、よくあることです。それは強烈なので、その後の言動もずっと第一印象に引きずられてしまいます。

このように、**その人（物）の持つ目立つ特徴から、他の印象まで引きずられて判断してしまうこと**を、心理学用語で『ハロー効果』といいます。この言葉の生みの親は、エドワード・L・ソーンダイクというアメリカの心理学者。

ちなみに「ハロー」とはイエス・キリストなどを描いた絵に表現される光輪《こうりん》や、仏教でいうところの後光《ごこう》といったもの。その光によって、その人の外見や内面までが輝いて見えてしまうのです。

このハロー効果は、ポジティブにばかり働くとは限りません。ネガティブに働く場合もあります。

今回の問題のシチュエーションがまさにそれ。いかにもみすぼらしい風体の人を見てしまうと、私たちは相手の良くない面しか見ることができなくなってしまいます。印象の良くない風体をしている人は、本人そのものも不快な性格で不快な言動をする人だろうと思って、近づきたくなくなってしまうのです。

ですから、この設問でⒷを選んだ人は、ある意味、自分の感情や直感に正直に反応する人といえるかもしれません。Ⓐを選んだ人も、現実にこうした現場に立ち会ったとき、「助けるために駆け寄る」という行動が本当にとれるかどうか。

ポーランド出身でアメリカで活躍した心理学者ソロモン・アッシュが、こんな実験を行なっています。

被験者をａとｂの２つのグループに分け、それぞれにある人物の特性をリストにした紙を見せました。

ａに見せたリスト「知的な、勤勉な、強力な、非難的な、頑固な、嫉妬《しっと》深い」

ｂに見せたリスト「嫉妬深い、頑固な、非難的な、強力な、勤勉な、知的な」

aとbのリストの違いは、言葉の順番が違うだけです。なのに、双方がイメージした人物像はまるで違うものになりました。

aのリストを読んだ人たちは、**「欠点はあるが、能力のある人」**とイメージしたのに対し、bのリストを読んだ人たちは**「欠点があるために能力があっても残念な人」**という人物像を思い描いたのです。

「知的な」から始まるaのリストを読んだ人たちにはポジティブなハロー効果が働き、「嫉妬深い」から始まるbのリストを読んだ人たちにはネガティブなハロー効果が働いたということ。

それだけ初対面の見た目は、後々まで相手に強い印象を残すということです。

"第一印象"にご用心

表情やしぐさ、話し方、服装の第一印象には、お互いもっと気を配る必要がありそうです。たとえば万一、路上で倒れたりしたとき、それで助けてもらえるかどうかが決まるかもしれないのですから。

4 人を助けるか、見て見ぬフリをするか？

先の問題と似たシチュエーションで、別の問題です。
ある中年男性が突然、心臓発作を起こして道路に倒れ込みました。
周囲の状況のうち、この人が助かる可能性が高いのは、どちらでしょう？

Ⓐ そばにいたのはヤンキー風の若者一人だけ。
スマホのゲームに夢中だった彼、うめき声に気づき、チラッと中年男性に視線を送りましたが、自分以外に助ける人はいないか、周囲をキョロキョロ。

Ⓑ そばにバス停があり、10人ほど人が並んでいます。
全員、スマホを手にしており、中年男性のうめき声にも気づいた様子。

4 人は集団になるほど〝鈍感〟になる

人が大勢いれば、きっと1人ぐらいは助けに来てくれるはず――誰だってそう思いますし、それを期待します。

ところが、実際はそうならないことが多いのです。かえって、周りにいる人間が少ないほうが助けてもらえる可能性は高まります。

なぜなら、人には**『傍観者《ぼうかんしゃ》効果』**という心理が働くから。

人が大勢いればいるほど、「誰かが助けるだろう」「誰かが救急車を呼ぶだろう」と思って、誰もが行動を起こさず傍観者になってしまいやすいのです。

それを象徴するような殺人事件が、1964年にニューヨーク州で起きました。

キティ・ジェノヴィーズという女性が夜、住宅地で暴漢《ぼうかん》に襲われたのです。殺害されるまでの間、キティさんは必死で何度も助けを求め叫び続けました。にもかかわらず、誰も助けに来ないどころか、警察に電話をする人すらいませんでした。

事件後、警察が目撃者を探したところ、38人もの人が目撃していたり叫び声を聞いたりしていたというのに。

マスコミは、「都会の人間は冷淡《れいたん》だ」と一斉に批判記事を書き連ねました。が、この事件を知ったプリンストン大学のジョン・ダーリーとビブ・ラタネ両博士は、さすがに心理学者らしく受け止め方が違いました。博士たちは、**「多くの人が叫び声を聞いたからこそ、逆に誰も行動を起こさなかったのではないだろうか」**と考えたのです。

そして、その仮説を実証するために実験を行ないました。

まず被験者である学生たちを2名・3名・6名のグループに分けました。

それぞれのグループには1人サクラがいて、突然苦しみ出す演技をすることになっていました。そうやって助けを求めたら、他の参加者はどう対応するでしょう。博士たちはそれを別室で観察したのです。

結果は、事件を裏書きするものになりました。**2名のグループはすぐに行動を起こしたのに、6名では、グループの4割近くが見て見ぬフリをしてしまいました。**もっと大人数のグループでは、さらにその割合は増えたことでしょう。

つまり、今回の設問の「心臓発作で倒れた中年男性」を助けてくれる可能性が高いのはⒶということになります。

クラス内のいじめや、昨今問題になっているパワハラやセクハラが起こりやすいのも、多分にこの傍観者効果が働くせいだと思われます。周囲が見て見ぬフリをしてしまうので、被害者は1人で苦しみ続けることになるのです。

また、ネットやSNSでの人間関係でもこの傾向は見られます。

ネット社会では匿名《とくめい》で特定の相手を攻撃できます。それだけに炎上もしやすいのですが、炎上した人を下手に擁護《ようご》してしまうと、今度は自分が攻撃対象にされて、個人情報などが一気に拡散されてしまうリスクがあります。なので、傍観者に徹《てっ》して、見て見ぬフリをしてしまいがちなのです。

もしあなたが傍観者効果に抗《あらが》いたいという気持ちがあるのなら、そうですね、混んでいる電車の中で立っている老人に席を譲ることからトライしてみませんか。

人は、「他の誰かがやるだろう」と思いたがる生き物

5 気にする人、気にしない人

街を歩いて角を曲がった途端、人と鉢合わせをしてしまいました。

「ご、ごめんなさい。濡《ぬ》れちゃいましたね」

ぶつかった相手の言葉を聞いて、自分の股間《こかん》を見ると、水でシミができています。

どうやら、相手の持っていたペットボトルの水がこぼれて、あなたの股間に命中してしまったようです。まるでおしっこを漏《も》らしたような姿になってしまったあなた。

さて、あなたならどっちの行動をとると思います?

Ⓐ 濡れた股間を手で隠しながら、小走りで家に着替えに戻る
Ⓑ 濡れたものは仕方がないので、特に気にせず家に着替えに戻る

5 〝自意識過剰〟が引き起こすこと

Ⓐを選んだ人の気持ちはよくわかります。粗相《そそう》をしたわけでもないのに道行く人に変なふうに勘違いされたら恥ずかしいですものね。濡れた股間を隠したくなるのは当然です。

でも、その行為自体はあまりおすすめはできません。

『スポットライト効果』という心理学用語があります。**人は元来、他人が実際以上に自分に関心を持っていると、自己中心的に考える傾向があります。誰もが自意識過剰なのです。**

そのせいで、このシチュエーションのように街中でペットボトルの水で股間を濡らしてしまったときなどは、人はまるでスポットライトに照らし出された悲劇の主人公を演じる役者にでもなった気分を味わってしまいます。

周囲の人々の視線が全部、自分に集まっているように感じて緊張し不安になり、いたたまれない気持ちになります。

それこそが『スポットライト効果』のなせるわざ。

でも、この効果が働くのは本人だけ。周囲の人には働きませんし、自分が思うほど周囲は関心を持ってくれません。みんな自分のことで忙しいのです。

周囲の人がどれくらい無関心かは、2000年にコーネル大学で行なわれた心理実験でも確かめられています。

実験を指揮したのは、トーマス・ギロビッチ博士。

博士は、当時の若者たちが「こんなプリントのTシャツだけは恥ずかしくて着られない」というTシャツを用意して、被験者の学生に着せました。そしてその恰好《かっこう》のまま、学生集会の輪に加わってもらいました。

1分後、被験者はその集会から席をはずします。

そこに博士がやってきて、集会に参加していた学生たちにこう質問します。

「さっきまで、変なプリントのTシャツを着た学生がいたけど、覚えているかい？」

さて、何％の学生が覚えていたでしょう。

正解は24％。つまり**4人に1人しか覚えていなかった**のです。

この実験からもわかるように、**本人が周りに見られているんじゃないかと意識するほど、周りはその人を見ていない**ということ。

ですから、Ⓐのような行動をとる必要はあまりないのです。

いやいや、あまりないどころか、下手に隠そうとすると逆効果になる場合があります。**人は隠されるとかえって気になって、隠されたものをなんとしても見たくなってしまう**からです。

そんな心理を『**カリギュラ効果**』といいます。

隠されなければ見る気もなかった恋人のスマホを、隠されたばかりにこっそり見てしまったなどという経験を持つ読者も、もしかしたらいるかもしれません。

Ⓐのように恥ずかしいからといって股間を隠すと、かえって目立つので、人の興味をひいてしまう場合があるのです。というわけで、設問のようなハプニングが起きた場合でも、Ⓑのように「気にせず堂々と歩いていく」、これを本書としてはおすすめしたいと思います。

❗ 隠そうとするほど、かえって注目は集まる

6 チップを多くもらえるのは、どっち？

あるレストランで、客がウエイトレスにこう注文しました。

客「グリーンサラダとハンバーグ。パンもね。で、食後にコーヒーを頼む」

さて、①と②、どちらのウエイトレスの受け答えのほうに、客はチップを多く払うと思いますか？

ウエイトレス①「(注文ごとに) はい、はい、はい、かしこまりました」

ウエイトレス②「グリーンサラダとハンバーグ。それにパン。食後にコーヒーですね。はい、かしこまりました」

6 「あなたの味方です」と一番さりげなく伝える方法

『ミラーリング』という心理学用語をご存知でしょうか。

ミラーリングとは、相手のしぐさや行動、言動などをミラー（鏡）のように真似ることを指す用語です。

もともと人は**無意識的にも意識的にも自分と似ている人、または似たものに対して好意を抱きやすい傾向**があります。

学生時代のことを思い出してみてください。たくさんいる同級生の中で、自分と同じような考えや同じような趣味を持っている人がいると、知り合った途端に打ち解けて、いつの間にか親友になっていた、なんてことはなかったでしょうか。

似た行動や言動は、無意識的に「味方同士だ」と感じるので、時間をかけずに仲良くなりやすいのです。それを積極的に行なうのがミラーリング。

真似るという行為は、「あなたを好意的に思っています」という意思表示になりま

す。ですから、真似られるほうも悪い気はしません。

この効果を実験で証明したのが、オランダのラドバウド大学の心理学者リック・ファン・バーレン博士とその研究チームです。

博士たちは、小さなレストランでウエイトレスの協力を得て、お客の注文に対して設問のような2種類の受け答えをしてもらいました。

すると、②のように、お客が注文した通りに言葉を繰り返した（真似をした）だけで、チップの額が①より70％もアップしたというのです。

①の相槌《あいづち》を入れるだけの受け答えより、②の注文を繰り返す受け答えのほうが、1・5倍以上もチップが増えたのです。

このミラーリング効果は、同じチームで行なった別の実験でも確認されています。

市場調査と称して、道行く人を呼び止め、調査に協力してもらえないかと、次の2通りの方法で頼んでみたそうです。

A　普段通りにふるまう

B　目立たないように相手の身ぶりや姿勢を真似る

すると、自分の動作を真似られた人たちのほうが、調査員に親近感を抱いていたことがわかったというのです。つまり、ミラーリングによって好感度がアップしたわけです。それほどミラーリングの効果は絶大だということ。

これこそ真似をしない手はありません。

誰かに好意を持ってもらいたいときは、あなたもミラーリングを心がけましょう。

相手が笑顔になったら、自分も笑顔になる。

相手が前かがみで話し始めたら、自分も前かがみになる。

それだけで、相手に**「なんだか気が合う」**と思ってもらえるのです。

ね、簡単でしょう。

相手の真似をするだけで、好意は〝作れる〟

7 男のイメージ、女のイメージ……

今回は、あなたが実験の被験者です。

10の言葉があります。

これを、男か女、２つのグループに当てはまるように振り分けてみてください。

「攻撃的」「感情的」「頼りがいがある」「おしゃべり好き」「人の話を聞かない」「運転がヘタ」「占いを信じやすい」「噂話が好き」「おおざっぱ」「柔軟性がない」

男	女

7 自分の〝先入観通り〟だと、安心できる心理

この振り分け問題、早くできた人ほど『ステレオタイプ』な考え方が身についている人だと思われます。

ステレオタイプとは、**社会や集団の中に当たり前のように浸透《しんとう》している先入観、型にはまった物事の見方、思い込み、認識**などのこと。

ステレオタイプな思考をするのは、もちろん悪いことばかりではありません。さまざまな情報が飛び込んでくる脳はいつもフル回転しています。

いちいちそれを吟味《ぎんみ》して、順序立てて整理をして判断していては疲れてしまいますし、瞬時に判断することもできなくなってしまいます。

あなたもこんなふうに考えることはありませんか。

「大阪のおばちゃんはおしゃべりでお節介だ」

「A型は几帳面《きちょうめん》でスジを通したがる。O型は勝気だけどあきらめも早い。B型はマイ

ペースで不用心。ＡＢ型は考え方が合理的なわりにメルヘンチック」

「憲法改正論者は好戦的、護憲《ごけん》論者は平和ボケ」

「イタリア人の男性は、女と見ると声をかける」

こんなふうに類型的に考えれば当たらずも遠からずですし、脳を疲れさせることもありません。とても効率的なのです。

人は、自分が理解できる相手を好む生き物です。

ステレオタイプな思考は、ある意味「相手を理解しやすくするモノサシ」。

それで相手をはかり理解することで、人は安心するのです。


でも、その一方で、ステレオタイプな考え方は、対象となる人や物を過剰に単純化して、対象が本来持っている性質や独自性を割愛《かつあい》してしまいがちになります。

相手のことが血液型ですべてわかるわけではありませんし、まったく見当違いな判断をしてしまう場合だってあります。Ａ型の人にもおおざっぱな人がいますし、Ｂ型の人にも几帳面な人はいますものね。

そのために、対象を誤解したまま否定的な評価や感情を持ち、そのせいで差別や偏見を持ってしまうことがあります。

たとえば、おとなしそうな子を見て、「友人が少なそうだ」「話をしてもきっとつまらなさそう」「なんか理解不能で不気味」などと勝手に思い込んで、理解しあえる仲間と一緒になってその子をいじめの対象にしてしまうことだってあるのです。

テレビのワイドショーなども、大衆に迎合《げいごう》して、ややもするとステレオタイプな判断で、何か事を起こした有名人をこぞってバッシングすることがあります。

暇つぶしにはいいかもしれませんが、もし自分が当事者になったと思ったらゾッとしますよね。

ステレオタイプな思考は便利で効率的ではありますが、時として不幸を生み出すことがあるということを頭の隅に置いておいて、常に本質を見極める洞察《どうさつ》力を身につけたいものですね。

人は無自覚に「型にはめたがる」

8 自分の〝賢さ〟が簡単にわかるテスト

今回は、ある大学の調査チームが作成した「自分の賢さが簡単にわかるテスト」をご紹介。次の6つの項目を読み、自分はどれくらい当てはまるか、それぞれ1～5点(当てはまるほど高得点)で自己評価してみてください。

①多様な考え方に接するのが苦にならない
②友人関係をなかなか長続きさせられない
③自分の行動を自分で理解し、コントロールすることができる
④否定的な感情を消し去ることがなかなかできない
⑤約束事や重要な決定事を、つい先延ばしにしてしまう
⑥他人から相談を受けることが多い

8 その人の「幸福度」は「賢明さ」に比例する

これは、カリフォルニア大学サンディエゴ校の神経科学者ディリップ・ジェステ教授率いる研究チームが、人間の賢さを計測する方法を電子ジャーナル『Journal of Psychiatric Research』で発表したもの。

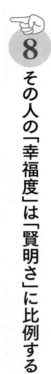

ジェステ教授によると、人間の賢明さは「一般常識」「感情のコントロール」「他者への共感力、思いやりなどの社会性」「自己理解」「多様性に対する寛容さ」「曖昧《あいまい》で不確実なことへの対処能力」で構成されており、それぞれ脳の特定の領域と関係している可能性があるとのこと。

前ページの6つの質問への自己評価を、神経生物学的な見地から勘案すると、その人がどれくらい賢いかを判定できるのだとか。

さて、それぞれの項目に対する自己評価の点数は書き込めたでしょうか。

書き込めたら、①③⑥は点数をプラス、②④⑤は点数をマイナスして総合点を算出してください。

（例）①③⑥がそれぞれ4点なら合計12点。②④⑤がそれぞれ2点ならマイナス6点。
総合点は12―6＝6点　総合点が出たら、次の結果と照らし合わせてみてください。

■11点以上……お釈迦《しゃか》様レベルの悟りの境地に達した人生の達人。
■8〜10点……これまでの人生でいろいろ学び、成熟した賢さを身につけている人。
■7点以下……まだまだ修行が足りていない人。

この調査では、25歳から、なんと104歳までの男女524人を対象にして調査が行なわれましたが、**総合点の高かった人ほど、人生における幸福度や満足度、困難に直面したときの回復力なども高い**ことが判明したのだとか。

賢さが、人生における幸福度や満足度、肉体的な健康などに大きく影響するというのは興味深いところ。

ただし、この調査はアメリカの主に高等教育を受けた白人の男女を対象にして行なわれたもの。日本人の場合は謙虚な国民性もあり、自己評価の点数は控えめになりがちですから、総合点も控えめになると思われます。

なので、試しに43ページの項目に「当てはまる5点、当てはまらない1点、どちらともいえない3点」で計算してみてください。そのほうが、私たち日本人にあった結果が出るかもしれません。


最近よく耳にするようになったEQ（心の知能指数）テストは、IQ（知能指数）テストでは測《はか》れない「人間としての賢さ」を判定するテストとして開発されました。

これも**「感情コントロールの上手さ」「他者の感情の理解」**などを数値化したもの。

そちらでも、このテストと同様に**EQの高い人ほど、幸福度や満足度が高い**ことがわかっています。

さて、あなたの賢さはどの程度だったでしょうか。

また、幸福度はそれに比例していたでしょうか。

感情をコントロールできる人ほど、幸福のそばにいる

9 「あの人は苦手」という意識は、どこからやってくる？

「ぶりっこ」と呼ばれる女の子が、苦手としそうな女の子はどちらでしょう？

Ⓐ ぶりっことは正反対のサバサバした女の子

Ⓑ 自分と同じタイプの女の子

9 〝自分と似たタイプ〟は許せない心理

同性からは冷ややかな目で見られがちな〝ぶりっこ女子〟ですが、本人たちはどんな同性の女性が苦手かというと、どうやらBの「自分と同じタイプ」が多いようです。

というのも、**『同族嫌悪《どうぞくけんお》』**という心理が働くから。

これは、似た者同士であるほど、その言動のわずかな違いに「許せない」という感情を持つ心理を表わす行動心理学用語。


それを実証したこんな実験があります（2006年）。

行なったのは、ダートマス大学のジュディス・ホワイト博士らの研究グループ。

集められたのは、片や「ビーガン」と呼ばれる「卵や乳製品を含む、動物性食品をいっさい口にしない完全菜食主義」の人々。

もう一方は、菜食中心の食生活ではあるけれど、自分で食べても大丈夫だと思ったものは受け入れる「ベジタリアン」の人々。

そんな、似てはいるけれど食生活に微妙に違うこだわりを持つ2つのタイプの人々に、こんな質問をしてみました。
「一般の人と比べて、お互いのことをどう思いますか？」
すると、ビーガンの人々のベジタリアンの人々に対する「許せない」という思いは、ベジタリアンのビーガンに対する「許せない」という思いよりも3倍も強かったという結果が出たのです。

この結果から、**人は自分と主義主張は似ているけれど、その考えを徹底していない人のことを嫌う傾向があることが証明された**というわけです。

つまり、徹底的にぶりっこをしている人から見ると、適当にぶりっこを演じている人は「許せない」「イラッとする」存在に映っている可能性が高くなるということ。

あなたにも、身近に「あの人は苦手だ」「なんか見てるだけでイライラする」という人はいないでしょうか。

その人は、もしかしたらあなたに似た部分を持った人ではないでしょうか。

そういう人の言動は**なまじっか似ているだけに、ちょっとした違いに敏感に反応し**

てしまいます。

また、その違いのせいで相手が得していると思うと、嫉妬心がわいてきます。

でも、**そんな感情を自覚したくないので、相手に苦手意識を持ったり嫌悪したりすることで、自分の気持ちをごまかそうとする**のです。

誰もがこの世に生を受けてから今日という日まで〝自分らしさ〟を求め、それを身につけるために努力してきたはず。

そして、自分らしくあるために、自分のつくり上げたルールを守ることで自分自身のアイデンティティを保《たも》ってきたはずです。

それだけに、自分とよく似てはいるけれど、ちょっと違ったルールを持っている人には敏感に反応してしまうのです。そういう人に出会うと、なんだか自分のアイデンティティが損なわれるような気がして、嫌悪感を抱いてしまうのでしょう。

いかがです、あなたにも心当たりがあるのでは？

他人への嫌悪感の下に、本心が隠れている

10 言葉が喚起させるイメージ

左に並んでいる単語のリストすべてに、目を通してみてください。どんな単語があるか確認できたら、次のページを開きましょう。

ベッド　起きる　いびき　休息　まどろみ　居眠り

昼寝　目覚め　毛布　睡魔　やすらぎ　夢　うたた寝

あくび　疲れ

10 私たちの脳は〝ラク〟をしたがっている

さて、次の単語のうち、前のページのリストになかったのはどれでしょう?

ベッド　うたた寝　眠る　ガソリン

「なんだ簡単じゃないの。答えは『ガソリン』でしょ」

賢明《けんめい》な読者の方なら、そう答えたと思います。

でもこれ、正解はもう1つあるんです。それは「眠る」です。お疑いなら、前のページに戻って確かめてみてください。

実はこれはひっかけ問題で、「ガソリン」はわかっても、よほど注意深い人でないかぎり「眠る」がなかったことには気づかないように、いや、「あった」と勘違いするように作られているのです。

このひっかけ問題を作成したのは、ハーバード大学の社会心理学者ダニエル・ギルバート博士。リストにある単語が〝睡眠〟に関係するものばかりなので、「眠る」もあったと思い込んでしまうのです。

なぜそんな誤解をしてしまうのでしょう。

それは、**「脳がズルをしているからだ」**と博士はいいます。

私たちの脳は、生まれてからこのかた膨大《ぼうだい》な量の情報を受け取っています。パンクするんじゃないかと心配になるほどです。

でも、この記憶装置は決して容量がいっぱいにはなりません。その秘密は、「脳がズルをしているから」だというのです。

脳は、受け取った情報をそっくりそのままの形では保存しない。ラクに保存できるように要点だけに絞《しぼ》って記憶するというのです。

たとえていえば、「睡眠」というラベルを貼って「ベッド」「いびき」「夢」といったいくつかの印象的な単語に絞って、記憶の引き出しに放り込んでしまうといった具合。

そして、思い出すときは、辻褄《つじつま》を合わせるために「こんな単語もあったっけ」と情報を素早くでっち上げてしまいます。

そのようなでっち上げは、とても素早く無理なく行なわれるので、すべてのものが頭の中にあったような錯覚を起こしてしまうのです。

だから、自分ででっち上げたのにもかかわらず、「『眠る』もあった」と確信してしまうというんですね。

このことを知って、謎が解けたことがひとつあります。

住まいの近くに空き地ができることがたまにありますよね。

これが不思議なことに、いったん解体されてしまうと、毎日通っていたのにそこにどんな建物が建っていたのか、どれほど首をかしげても思い出せないのです。

実は、それも脳がズルをしているから。一軒一軒ちゃんと記憶していたのではなく、「近所の町並み」として覚えていたので、いざなくなってしまうと、思い出そうとしてもできないのでしょうね。

脳は現実を〝加工〟してから記憶している

2章

あの人との〝心の距離〟は、なぜ生まれ、どう縮まる？

……他人と自分の「秘密」が見えてくる心理実験

「わかりあえている」つもりが、誤解があったり。
逆に、ほんの小さなことで、好意が生まれたり。

そんな〝心の距離〟は、
なぜ生まれ、どうすれば縮まるのか？

心理学者たちは、多くの実験を通して、
その謎を解き明かそうと試みてきました。

11 メール、SNSの落とし穴

メールやラインの普及で情報の交換がとても便利になりましたが、不安になるのは送り手の意図や、微妙なニュアンスがちゃんと伝わっているかどうかということ。

さて、あなたには、自分の発信したメッセージがちゃんと相手に伝わっているという自信は、どれくらいあるでしょう。

Ⓐ 9割以上はちゃんと伝わっていると思う

Ⓑ 5割程度かも

11 「わかっていてくれるはず」は、こうして起こる

科学雑誌『人格・社会心理学会ジャーナル』（2005年）に掲載された研究によると、「受信したメールのメッセージの意味合いを正しくとらえている割合は約50％」。一方、「送信した人は、相手がその意味合いを90％まで正しく解釈していると考えている」という結果が出たといいます。

つまり、送り手と受け手のギャップはかなり大きい、ということです。

この研究を発表したのは、シカゴ大学の心理学者ニコラス・エプリー助教授（当時）とニューヨーク大学のジャスティン・クルーガー准教授（当時）。

実験は以下のようにして行なわれました。

- 学生のペアを30組作る。
- それぞれに、大学構内の食べ物や天気などのテーマに関する、20の意見が書かれたリストを手渡す。
- 各ペアの一方が、これらの意見が本気か皮肉かを推測して、選んだ意見を相手に

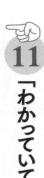

メールで送信する。

受け取った側は、メッセージに込められた意味合いを推測し、同時にその判断にどのくらい自信があるかを示す。

メッセージを送信した被験者たちは、パートナーが意味合いを正しく解釈する確率を90％と予測しました。

けれど**実際は、受信したパートナーがその通りに受け止めた割合は、50％を少し超える程度**でしかありませんでした。

この結果を、エプリー博士はこう説明しています。

「書き手が、自分のメッセージに込めた意味合いや感情がちゃんと伝わるはずだと往々《おうおう》にして思うのは、書きながら自分が意図する意味合いを頭の中で『聞いて』いるからです」

つまり、書きながら読み手にもなっているので、「うんうん、これならきっとわかってくれるはず」と勝手に思い込みやすいということ。実際、理解できる割合は五分五分でしかないというのに、です。

送り手と受け手でこうしたズレが生じる原因は『**自己中心性**』にあると、博士らはいいます。自分が理解できているのだから、相手も理解してくれるはずと安易に考えてしまうんですね。人って相手の立場になって考えるのが苦手なのです。

この結果を知って、ちょっと心配になりました。

論理性を重んじる英語社会でさえそうだとすると、曖昧さがかえって美徳になるような日本語社会では、どれだけメールの内容が相手にちゃんと伝わっているでしょう。日本では、あまり説明しすぎると相手の理解力を過小評価していると受け取られかねないと、曖昧な表現で済ませることがあるもの。

さて、もう一度お尋ねしますが、あなたには自分の発信したメッセージがちゃんと相手に伝わっているという自信はどれくらいありますか。

あなたの意図は〝5割程度〟しか伝わっていないかもしれない

12
「顔の良すぎる人はモテない」は本当？

「美女やイケメンに限って恋人がいない」「意外とモテない」

これはよく聞く話。

では、美女やイケメンがモテるようになるにはどうすればいいのでしょう？

12 「たまの失敗」が魅力になる人、マイナスになる人

あなたの周りに仕事も勉強もスポーツも、そして料理までできて、さらに性格もいいといった完璧すぎる人はいませんか。そのような人はきっと異性にもモテるはず。ところが、そんな〝ハイスペックな人〟に限って恋人がいないという話もよく耳にします。なぜでしょう。

それには理由があります。人は完璧すぎる相手には共感や好感を持ちにくいのです。「自分とじゃ釣《つ》り合わないしな」と思われて、憧《あこが》れられることはあってもアプローチはされにくいということ。

人は、完璧な人よりも〝ちょっと抜けている人〟に共感を抱きやすいもの。「この人も自分と同じ人間なんだ」、そう思えるからなのでしょう。

その共感はそのまま相手への好感度につながります。

これは、心理学でいう『**しくじり効果**』というもの。**失敗すると、かえって人から好かれるようになる**のです。

それを実験で確かめたのが、カリフォルニア大学の心理学者エリオット・アロンソンと同僚の研究者たち。

その実験とは、被験者たちに2種類の録音テープを聞いてもらうというもの。

テープは両方とも学生が常識クイズに答えた後、自分のそれまでの履歴を語るという内容でした。学生はトップクラスの学歴を持つ優等生らしく、難問も軽々とクリア。正解率は9割以上という高成績でした。

ただし、片方のテープには最後にちょっとした演出がほどこされていました。学生がコーヒーカップをひっくり返して新品のスーツを台無しにする様子が録音されていたのです。

テープを聞いた後、被験者たちはどのくらいその学生に好感を持ったかを質問されました。

2種類のテープの違いは、コーヒーをこぼす場面があるかないかだけ。

それなのに、**スーツを台無しにしたほうが圧倒的な好感を持たれるという結果に。**

やはり完璧すぎる人より、たまにはしくじることのある人のほうに私たちはシンパシーを感じてしまうんですね。

ただし、シンパシーを感じるのにも条件があることがわかりました。**クイズの正答率が3割程度で、学歴もぱっとしない学生の場合は、膝《ひざ》にコーヒーをこぼしても好感度は下がる一方**だったからです。

つまり、『しくじり効果』が発揮されるのは、学生が有能であると評価されている場合のみだったということ。最初からダメなヤツだと思われていたら、この効果は発動されないということです。

要は〝ギャップ〟があるかどうかが大切だということ。

日頃から有能だと思われている人は、たまに自分が完璧ではないことを明かす。それがモテるコツということでしょう。

じゃあ、日頃ダメなヤツだと思われている人は？　たまに何でもいいので「この人、意外とやるじゃない」と思わせましょう。

〝ギャップ〟こそが魅力に直結する

13 あくびをあなたに"うつしてくる"人

誰かがあくびをすると、ついつられてあくびをしてしまうことがあります。別に眠いわけでも退屈というわけでもないのに、なぜでしょうね。

なんとも不思議なあくびの伝染現象ですが、さて、あくびがうつりやすいのはどちらだと思いますか?

Ⓐ 身近な人のあくび

Ⓑ 赤の他人のあくび

13 共感しやすい人ほど、あくびがうつりやすい

あくびがうつるのは、他者と同じ行動をとってしまう〝**行動伝染**〟現象の1つとされていますが、なぜそんな現象が起こるのでしょう。

その原因については1980年代半ばからいろいろな研究が行なわれていますが、最も有力なのは〝共感説〟。**「あくびがうつるのは、相手に対する共感や関心がそのベースにある」**というんですね。

この説を裏づけるように、あくびの映像を見ているときの脳画像を調べると、共感に関わる脳の部位が活発になることがわかっています。

スコットランドの心理学者ジェームズ・アンダーソン博士によると、あくびがうつり始めるのは5歳くらいからで、それより**幼い乳幼児ではあくびはうつらない**のだとか。

なぜ乳幼児はあくびがうつらないのかといえば、彼らは自分中心に生きているから。すべて周りが世話を焼いてくれるので別に共感する必要がない、だからうつらないと

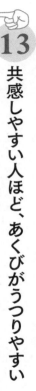

いうわけです。

では、共感がベースにあるなら、どんな人のあくびがうつりやすいのだろうか。それを調べたイタリア・ピサ大学のアイバン・ノルシア博士らの研究があります。

これは、職場やレストラン、待合室など、日常生活の中で目撃したあくび伝染を、ご苦労なことに1年間にわたって記録し続け、研究者本人の家族や同僚などを含む109人（男性53人、女性56人）、延べ480人分のあくび伝染データを解析したもの。

その結果、**最もあくびがうつりやすかったのは、家族（肉親や夫婦）。続いて友人、知人、見知らぬ人という順番**でした。

つまり、親しい人ほどあくびがうつりやすいわけで、質問の正解はⒶということになります。

あくびの伝染と、他人への共感の間に関連性があることを示唆《しさ》する材料はこれまでもありましたが、この研究成果は、科学者によりこの関連性が認められた初めての例だったといいます。

この研究について、進化生物学者で、同じくあくびについて研究しているプリンストン大学のアンドリュー・ギャラップ博士も、「他者への共感が、人類におけるあくびの伝染に関わっている可能性を、説得力がある形で示すものだ」と評価しています。

あくび自体は、哺乳《ほにゅう》類や鳥類、爬虫《はちゅう》類、魚類などの脊椎《せきつい》動物全般に見られる現象ですが、伝染するのはその中のごく一部。

たとえば、チンパンジーやサル、ヒヒ、犬、オオカミなどでは、あくびがうつることがわかっています。

それらの動物の共通点は、**群れで生きる、いわば社会性のある動物**だということ。

つまり、あくびの伝染は会話と同じコミュニケーションの1つということになります。

他者と共感することで起きるあくびの伝染は、親しさのバロメーターともいえるということですね。

仮にあなたがあくびをして、誰かがそれにつられたとしたら、その人とは結構いい関係、心を許せる関係にあると思ってもいいのかもしれませんよ。

それは、親しさと社会性のバロメーター

14 記憶が〝人と食い違う〟理由

親や兄弟姉妹と幼い頃の話をしていて、自分の記憶と相手の記憶が食い違っていて話がかみあわなかった経験ってないでしょうか。

さて、どちらの記憶が怪しいでしょう?

Ⓐ 自分

Ⓑ 相手

Ⓒ どちらも怪しい

14 記憶はこんなにも簡単に〝ねつ造〟できる

「子どもの頃に行った京都旅行、あれは楽しかったよね」

「えっ、その旅行、お前は行ってないはずだよ」

家族で昔話をしていて、こんなふうに話がかみあわないことってよくありますよね。本人的には確かに行った記憶があるし、思い出の光景も鮮明に思い浮かべることができるのに、どうしてそんなことが起きるのでしょう。

それは、**『フォールスメモリ効果』**といって、**ありもしない記憶を脳が勝手にねつ造してしまう現象**かもしれません。


この現象が研究者たちの間で注目されたのは、イギリスで起きたある事件がきっかけでした。

1993年に起きた**「誤りの記憶訴訟事件」**がそれ。

これは、ある青年がカトリックの司祭から性的虐待を受けたと訴えを起こしたもの。

ところが捜査の結果、それはまったくの事実無根だったことが判明したのです。純朴を絵に描いたような若者で敬虔《けいけん》な信者でしたから、青年に嘘をつく理由はまったく見当たりませんでした。

実はそれは、歪《ゆが》んだ記憶によるものだったのです。同僚の若者たちにからかわれているうちに彼自身の頭の中で記憶がねつ造され、それが真実だと思い込んでしまったのです。

このケースのように、**誰かと会話をしながら思い出すような場合、その会話に影響されて記憶に新しい情報が加わり、ありもしないものに作り替えられる**ことがあります。

相手の質問などに誘導されて、記憶が作り替えられてしまうんですね。

心理学者のエリザベス・ロスタフが行なったこんな実験があります。

被験者を2グループに分けて自動車事故の映像を見せ、直後に次のような質問をします。

Aグループ→「車が〝激突〟したとき、スピードは何キロくらいでしたか?」

Bグループ→「車が〝当たった〟とき、スピードは何キロくらいでしたか?」

そして1週間後、両方の被験者たちに次の質問をします。「事故の後、車のフロントガラスは割れていましたか?」

すると、Bグループのほとんどが「いいえ」と答えたのに対し、Aグループのほとんどは「はい、割れていました」と答えました。実際の映像にガラスが割れている場面はなかったのにもかかわらず、です。

Aの人たちは、**質問者の〝激突〟という言葉に引きずられて、ありもしない記憶をねつ造してしまった**のです。

それほど記憶は簡単に作り替えられてしまうということ。ですから、この設問の答えは、Ⓒの可能性が高いということになります。

その「思い出」も、事実と違うかもしれない

15 簡単に〝親しさ〟を生み出すアイテム

関西のおばちゃんがなぜか持ち歩いている物のひとつ、それが飴《あめ》。

彼女たちは〝飴ちゃん〟とちゃんづけで呼んでいます。

「知らないおばちゃんが親しげに話しかけてきて、ポケットから飴を出してくれた」

かの地ではそんなエピソードはザラだといいます。

それにしても、関西のおばちゃんたちはなぜ、飴ちゃんをくれるのでしょう。

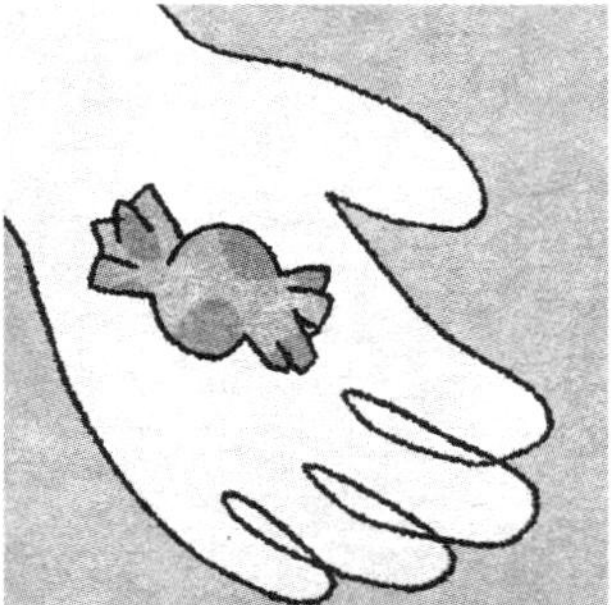

15 〝ちょっとしたプレゼント〟で、心の距離は縮まる

関西のおばちゃんの必須アイテムといわれている飴ちゃんですが、そもそもなぜ飴に〝ちゃんづけ〟をするのでしょう。関西以外に住んでいる人にとっては、やはり不思議ですよね。

もともと関西では「お芋《いも》さん」、「お粥《かい》さん」、「お豆さん」といったように食べ物に「お」や「さん」をつける習慣があったようです。

これは京都の御所言葉から広まったものらしく、宮中の女性たちの女房言葉が由来になっているのだとか。飽食《ほうしょく》の時代といわれる現代と違って、昔は食べ物は貴重なものでした。神様からの贈り物ともいえるもの。それだけに、「さん」をつけて敬《うやま》うのが当然だったのかもしれません。

飴についても、もともとは「飴さん」と呼ばれていたのが、関西の人に飴を携帯する人が多く、お菓子の中でも飴がより身近な物であることから、飴だけが「さん」よりも親しみやすい「ちゃん」をつけられ、「飴ちゃん」と呼ばれるようになったので

はないかという説があります。その飴ちゃんを、関西のおばちゃんたちはコミュニケーションのツールとして上手に使っているようです。

というのも、**飴には、見ず知らず人の心を開かせる力がある**からです。そのことは心理学者も実験で証明しています。

実験を行なったのは、『ポジティブ心理学』の研究者ショーン・エイカー博士。

その実験は、経験豊かな医師たちを集めて行なわれました。

ＡＢＣの３つのグループに分けられた医師たちに与えられた課題は「架空《かくう》の患者の症状や病歴から、病名を診断して治療法をシミュレーションせよ」というものでした。

ただし、３つのグループには事前に別々の控室で博士と接触してもらっていました。

その接触の仕方はそれぞれ次のようなものでした。

Ａチーム：博士との挨拶《あいさつ》だけ
Ｂチーム：博士が医師たちに医療関係の記事を手渡し、それを読んでもらった
Ｃチーム：博士が医師たちにキャンディーを配った

接触の仕方の違いはこれだけだったのですが、各チームにシミュレーションをしてもらった後の結果は、大きく違うものになりました。

なんと、**事前にキャンディーを配ったCチームが、他のチームの2倍のスピードで正確に病名を診断し、治療法のシミュレーションも行なった**のです。


それほどの差が生まれたのは、**キャンディーというさり気ないプレゼントがCチームの医師たちの心を開かせ、いい気分にさせて、「この実験に協力したい」という意欲を高めさせた結果**だというのが博士の見解でした。

もちろん、プレゼントに適したものはキャンディーだけとは限りません。他のものでもかまわないでしょう。

でも、そのさりげなさ、携帯する便利さ、そして、あげるほうももらうほうも負担にならないことなどを考えると、「飴（キャンディー）」は最強のコミュニケーションツールといえるかも。たかが飴ちゃん、されど飴ちゃん。飴ちゃん侮《あなど》るなかれ、です。

互いに〝負担にならないもの〟を渡すのがいい

16

“似たもの夫婦”は、どうしてできあがる？

仲のいい夫婦は顔つきも体型も似てくるとよくいいますが、健康状態や体調面まで似てくるということが、さて、あるでしょうか？

Ⓐ あると思う

Ⓑ そこまでは思わない

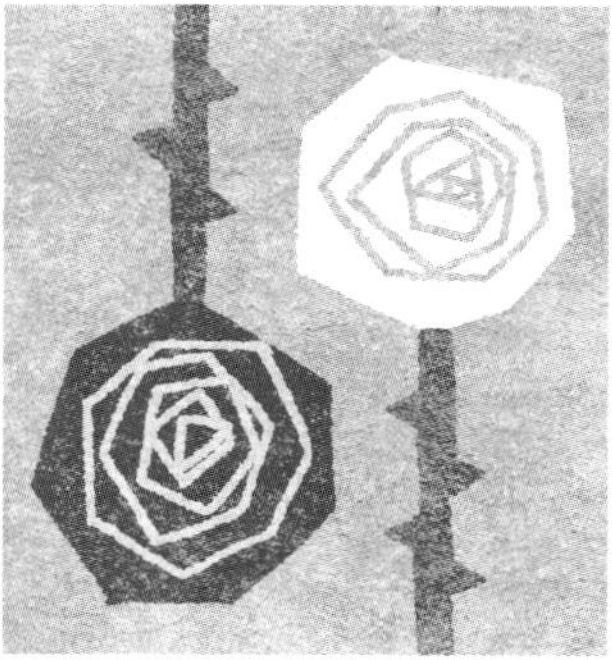

16 健康度も、飲酒量も……パートナーを見ればわかってしまう

仲のいい夫妻であれば趣味嗜好《しこう》も似てきます。興味のある話題やテレビの同じシーンで笑ったり泣いたりするので、顔の表情筋の使い方も似てきます。顔つきや表情の似た夫婦をよく見かけるのは、そのためでもあるといわれています。

また、夫婦は家庭で食事などの生活スタイルも共有しています。ですから、健康状態や体調面も似てくるのは確かなようです。

それを研究で実証したのが、コネチカット大学行動科学科のエイミー・ゴリン教授。研究によると、**肥満傾向にある夫婦でも、片方が生活スタイルを変え体重コントロールを決意すると、パートナーにもそれが影響し、双方が健康的になれる可能性があ**るそうなのです。

研究チームは、実験に参加したカップルを次の2組に分けました。

- 減量プログラムに参加するグループ（平均年齢55・3歳）

◯ 体重を自己管理するグループ（同52・5歳）

そして、カップルのうち片方だけに減量を行なってもらい、6カ月間経過追跡をしました。

減量プログラムへの参加者は、オンラインツールで体系的な指導を受けました。一方、体重の自己管理をする参加者は、減量に関する資料を受け取り、体重を自分で管理しました。どちらにも、健康的な食事法・運動法・および体重管理の処方箋などの情報提供がしっかり行なわれたのはいうまでもありません。

半年後、減量プログラムに参加したグループは平均して4・5キログラムの減量に成功。また、自己管理をしたグループでも3・23キログラムの減量に成功しました。

興味深かったのは、**減量した人のパートナーの32％が、6カ月後には3％以上の減量を達成していた**ことです。

家族の1人が行動を変えたことで、周囲の人々にも変化が起こったのです。

「食生活や運動習慣を変えると、プラス・マイナス両面で他の家族にも影響を与えます。夫婦の片方が健康的になると、もう一方も健康になれる可能性が高まるということです」

ゴリン教授はそう結論づけました。

効果はそれだけではありません。体重コントロールに取り組む夫婦の行動は、相互に影響しあう傾向があることもわかりました。

つまり、パートナーがスムーズに体重を減らすと、もう片方も無理なく体重を減らせるようになり、パートナーが手こずると、片方もなかなか体重を減らせなくなるというのです。

これは飲酒についても、同様の傾向があることがわかっています。

カナダのダルハウジー大学の心理学研究員アイスリン・ムスクアシュ氏が行なった調査によると、**カップルの飲酒習慣は互いに影響を及ぼしあい、片方の飲酒量から相方の飲酒量も予測できる**ほどなのだとか。

夫婦がともに健康でいるためには、どちらかが率先していい習慣を身につける。そうすれば、波及《はきゅう》効果でパートナーにもそれが身につくので、2人笑顔で暮らせるということなのでしょうね。

相手をスリムにしたければ、まず自分がスリムになる

17 ちょっと、いえかなり「怖い」実験です

1963年、アメリカのイエール大学で、今でも語り草になっている、ある実験が行なわれました。

その実験は「権威者によって他人の体に危害《きがい》（電気ショック）を加えるように指示されたとき、人はいったいどこまで従うのか」を調べるのが目的でした。

被験者となったのは新聞広告で集められた善良な市民。さて、彼らは素直に指示に従ったでしょうか？

A ほとんどの人が危害を加えることを拒否した

B 約半数は指示に従った

C ほぼ全員が指示に従った

17 人は誰でも、ここまで残酷になれてしまう

イエール大学の社会心理学者スタンレー・ミルグラム博士が指揮して実施されたこの実験は、その名をとって『**ミルグラム実験**』と呼ばれています。

新聞広告で集められた人々は、まず「教師役」と「生徒役」に振り分けられました。そして教師役と生徒役2人1組で、それぞれが別の個室に通されました。お互いはマイクとスピーカーを通してだけ接触できます。

つまり、2人はお互いの姿が見えない状況で実験することになるのです。

教師役の人は、生徒役に対し簡単な問題を出題します。そして正解なら次の問題へ、しかし不正解の場合は、「生徒役の体に電流を流すスイッチ」を押すように指示されます。

その電流は不正解ごとに次第に強くなっていくというのが、この実験の怖いところ。

電流の強さは最初は45ボルト。それがどれぐらいの痛みかは、全員が事前に体感さ

せられます。それ以降は間違えるごとに、15ボルトずつ上がっていくという仕掛け。

この実験には他にも仕掛けがありました。

実は、被験者は教師役だけだったのです。

生徒役には役者を使い、実際に電流が流れているかのように〝演技〟するよう指示されていました。しかし教師役の人は、それを知らないのです。


生徒役の役者は、流れる電流の強さが上がるごとにマイクを通して「うめき声」や「もう実験を中止してくれ！」といった叫び声を上げます。

２００ボルトを超えると、ドアや机を叩いたり泣き叫んだりと、強く実験中止を求めます。そして、３００ボルトを超えると気絶したのか突然、無反応になります。

その時々で、教師役の被験者がどういう行動をとるのかを調べるのが、この実験の真の目的だったというわけです。

電気ショックがどれくらいのものかを体感している教師役の被験者は、電流の強度が上がるたびに心配になります。

実際、「もう中止したほうがいいのでは」と聞く人がほとんどでした。しかしそのたびに、実験の担当者に「私が責任を持ちます。続けてください」と言われてしまうのです。

そのような状況下で、被験者はさてどのような行動をとったでしょう。

実験の結果、40人中25人もの人が、最高値である450ボルトの電流を流してしまいました。

生徒役の叫び声を聞きながらも、高圧電流を自らの手で流し続けたのです。**「これ以上無理です」と、途中でボタンを押すのを止めてしまった15人も、300ボルトまではボタンを押し続けました。**

つまり、生徒役の役者が気絶する（という演技をする）までは押し続けていたわけで、被験者全員がかなりきわどいところまで指示に従ったことになります。

なぜ被験者は、そろいもそろってそんな残酷な行動をとってしまったのでしょう。それには次のような心理が働いたからだと思われます。

- 自分はやめたいと訴えた。なのに実験の担当者がやめさせてくれなかった。だか

ら自分は悪くない、悪いのは担当者だと責任転嫁《てんか》できた

- 苦しんでいる相手の姿が見えないので、罪の意識が薄められた
- 実験だから、「痛くても死ぬことはない」とたかをくくった

このように、**ある条件の下では、ごく普通の人間でも、ここまで残酷なことができてしまう**のです。

この事実は、特に国の指導者は肝《きも》に銘《めい》じておく必要がありそうです。

権威を前にすると、〝罪悪感〟は簡単にマヒする

3章

あなたもすでに〝心理誘導〟されている?

……知るのが怖い「お金と消費」にまつわる心理実験

あなたが何かを「ほしい」「買いたい」と感じたときを、
思い出してみてください。
それは、本当にあなたの「本心」だったでしょうか？

もしかすると、相手や店や売り手側に、巧みに
〝心理誘導〟されていたのかもしれませんよ。

成功をおさめる人は、必ず
この「欲望のメカニズム」を知っているのです。

18 人が何かを〝決断しやすい〟状況って？

あるスーパーマーケットのジャム売り場に、２つの試食ブースがもうけられています。

Ⓐ 6種類のジャムが試食できるブース

Ⓑ 24種類のジャムが試食できるブース

さて、より多くジャムが売れたのは、どちらのブースだったでしょう？

18 売れている店は「商品の選択肢が多すぎない」

何かを選ぶときに選択肢は多いほうがいいのか、少ないほうがいいのか、適切な選択肢の数はどれくらいなのか。そういった疑問に対する一つの答えを検証した実験があります。

実験を行なったのは、コロンビア大学のシーナ・アイエンガー教授とそのスタッフ。教授たちは、あるスーパーマーケットのジャム売り場に6種類のジャムが試食できるブースと24種類のジャムが試食できるブースを作り、お客の反応を観察しました。

集客という点では、24種類のジャムを用意したブースのほうが勝っていました。でも、たくさん人が来たからといって売れるとは限りませんよね。

実際、24種類を用意したブースでは試食に来た3％の人しか購入しませんでしたが、6種類を用意したブースのほうは、試食に来た30％の人が購入したのです。

どうやら**人は選択肢が多くなると、どれにしようかと迷いが生じて、逆に行動を起こせなくなる**ようなのです。

それを心理学では『**決定回避の法則**』と呼んでいます。

あなたもありませんか。定食屋さんや居酒屋さんに入って、何にしようかと壁にズラリと並んだ料理の数々を眺《なが》めたのはいいけれど、メニューが多すぎて結局は「本日のおすすめ」からチョイスすることになったといった経験。

つい「とりあえずビール」と言ってしまうのも、同じ心理が働くから。

お店側もそんなお客の心理は百も承知です。お客が「本日のおすすめ」から料理を選ぶ可能性は大ですから、その食材を大量に安く仕入れます。それだけコスパも良くなるので、お店は万々歳《ばんばんざい》というわけです。


この実験で、**選択肢の数は5〜9（7±2）が〝最適〟である**という結果も出ました。6つか7つぐらいが選びやすいということ。確かに、「本日のおすすめ」も、3つぐらいだと物足りない気がしますし、あまり多いと迷ってしまいます。

選択肢を絞り込む方法として、教授は次の4つのポイントをあげています。

〈その1〉　無意味な選択肢を取り除くこと

選択肢は多ければ良いというものではありません。「本日のおすすめ」であれば、似た料理や季節外れの料理はメニューから削《けず》ることです。

〈その2〉具体化することで選択肢に現実感を持たせること

選択する側がイメージしやすいものにすることです。「本日のおすすめ」であれば、〝今が旬なのはコレ！〟と提示すればお客も飛びつきそうです。

〈その3〉選択肢を減らしてカテゴリ化すること

選択肢は分類（＝カテゴリ化）したほうが人は対応しやすくなります。「本日のおすすめ」であれば、「鮮魚」「焼き物」「煮物」といったふうに分類します。

〈その4〉選択の難易度に慣れさせること

どうしても選択肢が減らせない場合は、選択の難易度を下げる工夫が必要になります。「本日のおすすめ」であれば、「とりあえずの一品」「おまかせ料理」といった選びやすいカテゴリを設けます。

人気の居酒屋さんのメニューって、確かにこの法則通りに作られていますよね。

買わせたいなら「すぐ決断できる」ようにする

19 その場所を「綺麗にしよう、大事にしよう」と思わせるには

ディズニーランドは、〝ゴミ1つ落ちていない〟ことで有名です。

また、園内の施設もささいな傷をおろそかにせず、ペンキの塗り直し等の修繕《しゅうぜん》を惜《お》しみなく頻繁に行なっているそうです。

さて、それはどんなことに役立っていると思いますか？

Ⓐ 従業員のモラルの向上

Ⓑ お客のモラルの向上

19 〝よくない意識〟はあっというまに伝染する

ディズニーランドで励行《れいこう》されているクリーン作戦は、従業員、来園客、双方のモラルの向上に役立っていると思われます。どちらの向上により役立っているかといえば後者、つまり来園客かもしれません。

『割れ窓理論』というのをご存知でしょうか。建物の窓ガラスが割れたままだと、その建物は十分に管理されていないと思われ、誰かが勝手にゴミを捨てに来たり、他の窓まで割られたりするようになり、あげくのはてにはもっと環境が悪化して、犯罪が横行するようになる、という犯罪理論のことをいいます。

ささいなことを放置することが大きな犯罪の温床《おんしょう》になるという、アメリカの犯罪心理学者ジョージ・ケリング博士が提唱した理論です。

その理論を実験で確かめた心理学者がいます。スタンフォード大学のフィリップ・ジンバルド教授がその人。

1969年に実施された実験では、比較的治安の良い場所にボンネットを開けたままの車が放置されました。放置期間は1週間。しかし、単にボンネットを開けて放置されている状態では、これといって変化はありませんでした。

そこで、ジンバルド教授らはハンマーで車のウィンドウガラスを割ってみました。するとどうでしょう。**わずか10分後には近隣の住民たちによって、まず、バッテリーが持ち去られ、さらにタイヤもすべて持ち去られてしまった**のです。

1週間も経つと、車の窓はすべてなくなり、車内は略奪しつくされて、見るも無残な姿になってしまいました。

この実験から、教授は『割れ窓理論』に蝕《むしば》まれていく人の心理をこう説明しました。

①割れたままの窓を放置しておくと、その建物や地域を誰一人管理もしていなければ、関心さえ払っていないサイン（目印・標的）となる。

②結果、安易に他の窓ガラスも割られ、落書きも増え、大小のゴミのポイ捨てや不法投棄《とうき》が増加、建物の不法侵入にもつながりやすい。

③その地域・周辺の住民や拠点を置く人たちに、あきらめやモラルの低下が発生し、地域活動に参加することや、公共の利益に貢献しようなどということがバカバカしく

感じられるようになる。さらには自らも、ポイ捨てなどの軽微《けいび》な行ないに加担し始め、良心も痛まなくなる。

④ 地域や町は秩序を失い、犯罪はエスカレート、凶悪犯罪を含めたあらゆる犯罪者の巣窟《そうくつ》となっていく（恐ろしいことですが、実際、都会で見かけるスラム街はそうやってできてしまったのでしょう）。

教授はいいます。

「**人は匿名性《とくめいせい》が保証されたり責任が分散されたりした状態に置かれると、自己規制意識が低下し、『没個性化』が生じる。**その結果、情緒的・衝動的・非合理的行動を平気でするようになってしまう。またそれは、周囲の人にも容易に感染してしまう」

逆にいえば、**ささいなことを放置しなければ秩序は保たれる**ということ。

ディズニーランドはそれを実践しているというわけです。

匿名だと、人は悪事に手を染めやすい

20 コマーシャルの〝中断〟は、どう影響する？

映画好きな人を集めて、映画鑑賞会が２つのグループに分けて開催されました。Aのグループは映画の途中でCMが入りますが、Bのグループは CMなし。映画鑑賞後、作品の評価が高かったのは、さて、どちらのグループだったでしょうか？

20 楽しさにも、人はすぐ"馴れて"しまう

民放のテレビ番組にCMはつきものです。CMはさまざまな情報を提供してくれますし、映像や企画力で優《すぐ》れたものもあります。でもその一方で、せっかく楽しんで見ている番組を中断するお邪魔虫でもありますよね。

特に映画を観ているときなどは、できることならCMで邪魔はされたくないもの。ですから、この場合もCMで邪魔をされなかったBのグループの人たちのほうが評価が高かったのではと思ってしまいます。

ところがびっくり。実験によると、**CMありのAのグループのほうが強い満足感を得ていた**という結果が出たのです。しかも、CMそのものについては不快感を覚えた人が多かったにもかかわらず、です。

2009年にアメリカで行なわれた実験なんですが、指揮したのはカリフォルニア大学のネルソン・D・リーフ博士らの研究グループ。

実験では、まず両方のグループに映画（『タクシー』）を鑑賞してもらいました。ただし、AグループにはCM入り、BグループにはCMは入っていませんでした。

同様にして被験者たちには、コメディ、アニメーション、ドキュメンタリー、ミュージックビデオなど、さまざまな番組を見てもらいました。

その結果、それらどの番組においてもAグループのほうが満足度が高かったのです。

この結果を知った民放のテレビ局はさぞ喜んだことでしょうね。


それにしてもなぜそんな結果が出たのでしょう。

実は、それには『馴化《じゅんか》』という心理が働くからのようなのです。

これは、**「馴れによって感覚がマヒする」**心の働きを示す心理用語。

どんなに楽しいことでも、時間が経つにつれて退屈を覚えるようになった経験は誰にでもありますよね。映画の途中で睡魔《すいま》に襲われるのは睡眠不足のせいだけでなく、『馴化』が原因である場合もあるのです。

CMでいったん映画から離れると、『馴化』の作用も途切れます。**退屈になりかけていた気持ちがリフレッシュされる**んですね。

ＣＭの後はまた映画に集中する気持ちがよみがえります。それゆえに、映画に満足し高い評価を与えた人が多くなったと考えられるのです。

子どもの頃をふり返ってみてください。

夏休みの初日は嬉しかったけれど、長く続くお休みに途中で飽きてしまったという思い出はないでしょうか。

休みだって長ければ長いほどいいというものではないということ。

ですから、1年分の有給休暇をまとめてとるのは考えものかもしれません。細切れに少しずつとるほうが、そのたびに解放感にひたれるのですから。

もしまとめて休みをとるのであれば、退屈の虫がうずき出さないように、途中でリフレッシュできるようなイベントを用意しておくこと。それが賢い休日のとり方といえるでしょう。

どのような楽しさも、長く続くと〝退屈〟が訪れる

21 レストランで、値段を見てびっくり!?

初めて入ったレストランでメニューを開くと、前菜のページから桁《けた》が1つ違うお値段の料理がズラリ！

どうやらとんでもない高級店に入ってしまったようです。

さて、メインの料理のページまで進んだとき、お客はどちらの感想を抱く人が多いと思いますか？

Ⓐ うわあ、これじゃ破産しちゃうよ！

Ⓑ う〜む、前菜があの値段なら、メイン料理の値段も納得だな。

21 〝金銭感覚〟は、一瞬のうちに変わるもの

もちろん、人によって反応の仕方はさまざまだとは思いますが、この場合はⒷの感想を抱く人が多いと思われます。

というのも、お客の心理に『アンカリング効果』が働くからです。

最初に提示された価格がお客の判断の基準（アンカー）になって、その後の判断に大きな影響を及ぼしてしまうのです。

最初に、目玉が飛び出るような値段の前菜を目の当たりにしたことで、それがアンカー、つまり判断の道しるべになってしまうので、メイン料理のバカ高い値段にもそれほど驚かなくなってしまうということ。高い値段に慣れてしまうんですね。

結婚前のカップルが宝石店に婚約指輪を買いに行くときなども、同じ心理が働くようです。最初は、ショーケースに並ぶ指輪の値段にびっくりして腰が引けそうになりますが、見ていくうちにだんだん慣れてきて、「あっちは高くて無理だけど、こっち

ならまだなんとかなるよね。デザインも素敵だし」なんて会話もできるようになります。

そして、ほどよい（とはいえ高額なのですが）金額の指輪を手に入れて、満足して家路につけるのもアンカリング効果が働くから。

そうした心理は実験でも確かめられています。

実験が行なわれたのは１９７４年。Ａ・トベルスキーとＤ・カーネマン両博士は被験者たちにこう尋ねました。

「現在国連に加盟しているアフリカの国は、何か国あると思いますか？」

ただし、被験者にはゼロから１００までの数字が書かれたルーレットを回して、どの数字を指したかを見てもらってから考えてもらいました。

すると、予想はしていたとはいえ、驚きの結果が出たのです。

ルーレットで大きな数字が出た被験者ほど、アフリカの加盟国はたくさんあると答え、小さな数字が出た被験者ほど、加盟国は少ないと答えたのです。

ルーレットの数字がアンカーとなって、加盟国の数もそれに引きずられてしまったんですね。

ルーレットの数字なんて偶然の産物にすぎないことは、被験者もじゅうぶん承知しているのに、いつの間にかその数字を基準にして判断してしまったのです。


この効果は絶大なので、さまざまな場面で活用できます。

たとえば、海外旅行先でお土産《みやげ》品の値引き交渉をするケース。

その場合は、相手に気をつかう必要はありません。まず、相手が絶対のめないような数字を提示することです。

表示されている価格が100ドルなら、思い切って「10ドルなら買う」と言ってみましょう。それが互いにとってのアンカーになりますから、交渉次第では100ドルの半額以下になることだって夢ではありません。

「最初に提示する金額」が、最終的な金額を左右する

22 「効果がなければ返品」と、なぜ強気に出る？

通販番組ではよく「ご使用になって効果がなければご返品いただいて結構です」といった謳《うた》い文句で、商品のＰＲをしています。

そこには、売り手側のどのような狙いがあるのでしょう？

Ⓐ 商品に絶大な自信があることを認識させるため

Ⓑ 返品する人はほとんどいないことを見越してのＰＲ戦術

22 「手に入れたもの」のほうが、価値を高く感じる不思議

人は、一度自分が手にしてしまったものには価値を高く感じるようになり、手放したくないという思いを抱くようになります。

それを『**保有効果**』といいます。

提唱したのは行動経済学の第一人者であり、２０１７年にノーベル経済学賞を受賞したリチャード・セイラー氏です。

子どもの頃に誕生日プレゼントでもらった熊のぬいぐるみを、大人になっても手放せないという人がよくいます。本人は「幼稚園のときから一緒だから、横に置いておくと落ち着く」などと言い訳をしてはなかなか手放そうとしません。

どんなに色あせても傷《いた》んでしまっても、愛着があるので捨てるに捨てられないのです。それも保有効果のなせるわざ。

この効果は、通販番組でもよく活用されています。

番組の司会者が「ご使用になって効果がなければご返品いただいて結構です」「ご満足いただけない場合は使用後でも返金保証をいたします」などと言って笑顔をふりまくのも、**テレビの前の消費者が、一度手にした商品を手放したがらないことを熟知しているから**です。

断捨離《だんしゃり》が難しいのもこの保有効果が働くのが一因。

大掃除を始めても、いつか使うかもしれない、捨てるのはまだもったいないと言い訳をしつつ、結局また押し入れにしまい込むのはそのせいです。

あなたの部屋が物であふれているとしたら、あなたに強くこの保有効果が働いているせいだと考えて間違いないでしょう。

この効果は、行動経済学者のダニエル・カーネマン博士による実験によっても確かめられています。

被験者の学生をランダムにAグループとBグループに分けて、Aグループには大学のロゴ入りのマグカップをプレゼントしました。

そして、プレゼントをした後、Aグループには「いくらなら、Bグループにそのマグカップを売るか」と質問しました。

続いてBグループには「いくらならAグループからマグカップを買うか」と質問。

結果はこうなりました。

- Aグループ：約7ドルで売る
- Bグループ：約3ドルで買う

手に入れたばかりのマグカップなのに、手にしたほうの売り値は、買い値の2倍以上になったのです。

それだけ**一度手にしたものの価値は上がる**ということ。価値が上がれば手放したくもなくなります。

そんな保有効果が働くからこそ、通販番組の司会者は、自信を持ってあのセリフが言えるというわけです。

さして役立たないものでも、一度手にすると手放せなくなる

23

財布のひもがゆるむとき、しまるとき

スーパーマーケットに行くと、ついつい無駄遣《むだづか》いをしてしまいがちです。
スーパーでなるべく無駄遣いをしないようにするには、どうすればよいのでしょう。

23 「リスト」をつくると、こんなにメリットがある

スーパーで無駄遣いをしないためには、まず空腹では行かないことです。お腹がすいていると、衝動に負けて目についたものを手あたり次第買い物かごに入れてしまうことになるからです。

でもだからといって、スーパーに行くのは満腹のときだけにするというわけにはいきません。それに満腹であっても、つい無駄遣いはしてしまうもの。

では、確実に無駄遣いを減らすにはどうすればいいのでしょう。

「それは、買い物リストを作ってスーパーに行くことだ」

そうアドバイスをするのが、ヴァージニア大学のティム・ウィルソンとハーバード大学のダン・ギルバート両博士です。

博士たちは、被験者を空腹のチーム（A）と空腹ではないチーム（B）に分け、事前に何を買うつもりかを頭に入れてもらってからスーパーで買い物をしてもらいまし

た。

すると案の定、Aチームは店に入る前は買うつもりのなかったアイスクリームやポテトチップスなど、余計な物まで買い物カゴに入れてレジにやってきました。

一方、Bチームも予定外の物を買い物カゴに入れていましたが、その多くは売り場で「あ、これも必要だった」と思い出した物がほとんどでした。

続いて二度目のショッピングでは、両チームに事前に買い物リストを紙に書いてもらってから、それを見ながらスーパーで買い物をしてもらいました。

すると今度は、両方のチームとも予定外の買い物をする人はほとんどいなくなったというのです。

つまり、**記憶を頼りに買い物をすると、どうしても誘惑に負けて余計なものを買ってしまう**ということ。

その点、買い物リストを作っておけば、それ以外の商品に心を奪われることはなくなるということでしょう。買い物リストがあると目的の商品まで一直線に向かうので、他の商品に誘惑されにくいのです。

思い出しながらの買い物だと、買いたい物のヒントを得るためにスーパー中を回遊してしまうので、そのぶん誘惑にも負けやすくなってしまいます。それに、「あ、これもどうせ必要になるから」とそれほど緊急性のない物まで買い物カゴに入れてしまうことにもなります。

買い物リストはそんな「念のため買い」も防ぐことになるのです。

そうしたリスト作りは、買い物だけでなく仕事を効率化するのにも役に立ちます。記憶を頼りに仕事をしていると、スーパーの買い物と同じようについつい寄り道をしてしまうからです。

つい余計な雑用をしてしまったり、今やる必要のないメールチェックやネット検索などで時間を浪費《ろうひ》したり。

効率的に、また集中して仕事に取り組みたいのであれば、その日にやるべきことをまずリストアップしましょう。それに従って時間を振り分ければ、仕事は格段にはかどるはずですよ。

リストアップするだけで〝誘惑〟を遠ざけられる

24 占いが〝当たっている気がする〟理由

テレビや雑誌に欠かせないのが、占いコーナー。

読んでみると、意外と当たっていたり、的《まと》をついていたりするので、ついつい見るのが習慣になってしまいがち。

それにしても、それらの占いは不特定多数の人に向けられたものなのに、なぜ「当たっている」と思えるのでしょう?

24 あなたも〝心理誘導〟されているかもしれない

実は、占いにはある心理テクニックが使われています。

それが『**バーナム効果**』。

バーナム効果とは、**実際には誰にでも当てはまるような記述なのに、それを「これって自分のことだ！」と思い込んでしまう心理効果**のこと。

バーナムというのは人の名前で、19世紀に巧みな心理操作と演出で有名になったサーカス興行師《こうぎょうし》のこと。最近、この人物を主人公にした映画（『グレイテスト・ショーマン』）も公開されました。

そのサーカス団はどんなお客も喜ばせるショーを見せてくれたので、この効果の名前にピッタリだということになったのです。

この効果は、アメリカの心理学者バートラム・フォアの名をとって『**フォアラー効果**』とも呼ばれています。

これは、博士が1948年に行なった実験があまりにも有名だからです。

その実験は、被験者である学生たちに性格診断テストを受けてもらうところから始まりました。

一週間後、学生たちには一人ひとりにテストの結果の入った封筒が配られました。それを確認した学生たちに、どれくらい当たったかを5段階で評価してもらったところ、平均点はなんと4・26でした。つまり、ほとんどの学生が「当たっている」と感じたということ。

でも学生たちは知らなかったのです。**封筒に入れられた診断結果は、すべて同じものだった**ということを。しかも、それは博士が新聞に載っていた占いから適当に抜き出したものだったというのに。


診断テストに使われた文章は次のようなものでした。

「あなたは他人から好かれたい、賞賛してほしいと思う一方で、自己を批判する傾向があります」

「あなたは、使わないまま生かし切れていない才能を持っています」

「表向きは規律・礼儀正しく自己抑制ができますが、内心では落ち込んだり、不安になる傾向があります」
「これで正しかったのかと、自分の行動や発言に疑問を持つときがあります」
「あなたはある程度の変化や多様性を好み、それに対する制約や限界に直面したときには不満を抱きます」
「あなたは独自の考えを持っていることを誇りに思い、あまり根拠のない他人の意見を聞き入れることはありません」
「あなたは他人に自分のことをさらけ出し過ぎるのは賢明でないと気づいています」
「あなたは外向的・社交的で愛想のよい一面もありますが、その一方で内向的で用心深く遠慮がちなときもあります」
「あなたの夢や希望にはやや非現実的なものもあります」

どれも、誰にでも、どこかしら当てはまるような内容です。だから、言い当てられたような気がして占いにはまってしまう人も出てくるというわけです。

誰もが〝不特定多数に当てはまる描写〟に納得してしまう

25

なぜ〝思い描いた通り〟にならないことがある？

芸能人たちが短期間でスリムになるという触れ込みのＣＭで、話題になったトレーニングジムがあります。

しかし、同じように自分でトレーニングしても、なかなかスリムになれないのはなぜでしょう？

25 〝思い込み〟が現実を変えうる

その差は「自分はこうすればスリムになれる」という、思いの強さの違いが主たる原因だと思われます。**『プラシーボ効果』**という言葉をご存知でしょうか。

『偽《ぎ》薬《やく》効果』とも呼ばれていますが、本来は薬として効力のない成分の偽薬を投与したにもかかわらず、病気が回復したり症状が和《やわ》らいだりする現象のことをいいます。

「薬を飲んだのだから治るはず」そんな強い思い込みが、人が本来持っている自己治《ち》癒《ゆ》力を発揮させてしまうのです。

ある比較実験によると、**薬の効き目の60～90%がプラシーボ効果によるもの**だったという結果も出ているほどです。

暗示の力はそれほど強いということ。

話題になったトレーニングジムは、テレビで大量にＣＭを流し、徹底的に管理してトレーニングを行なうことで、お客に「スリムになれる」と確信させ、プラシーボ効果を発揮させることに成功したともいえるわけです。

この効果は確信が持てていない疑心暗鬼《ぎしんあんき》の状態では発揮されません。

それだけに、自分で手探り状態で行なうトレーニングでは、プラシーボ効果を期待するのは望み薄ということになります。

このことは、ハーバード大学で行なわれた実験でも確かめられています。

実験に協力したのは、ホテルで働くルームサービス係の女性職員たち。

アリア・クラムとエレン・ランガー博士は、彼女らを2つのグループに分け、一方のグループだけに「1日働けば、かくかくしかじかのカロリーを消費する」ということを事細かに説明しました。

そして通常業務をこなしてもらうこと1カ月。

再び全員に集まってもらい、健康診断をしてみると、驚きの結果が出ました。

消費カロリーを教えられたグループの職員たちは、大幅に体重が減り、肥満度指数もウェストとヒップのサイズ比も、そして血圧も下がっていたのです。

一方、教えられずに職務を果たしたグループは、同じように働いたというのに、そのような肉体的改善は見られませんでした。

その差は、プラシーボ効果が働いたか働かなかったかの違いだと、両博士は結論づけたのです。

つまり、消費カロリーを知った人たちは、**「仕事をすればそんな運動量になるんだ。だったらやせないわけがない」と思い込むことができたん**ですね。その思いを実現するように体が勝手に反応したというわけです。


これは、私たちにとっても心強い実験結果です。

清掃《せいそう》業務に携《たずさ》わる人たちほどではないにしろ、私たちも通勤や通学、家事労働や仕事で日々かなりの運動量をこなしています。なのに、体重計に乗っても変化がないのは、運動しているという自覚が足りないだけかもしれないのです。

「スリムになりたい、でもお金はかけたくない」という人は、自分のやっていることは絶対効果があると思い込む、確信することが大事だということです。

「やせないわけがない」と思い込めば本当にやせる

4章

心が「体」を変える、心が「現実」を変えていく

……心の持つ〝すごいパワー〟を証明した心理実験

「気持ち次第で、体調は変わる」

「心によって、現実は変わる」

——広くいわれていることですが、本当でしょうか。


心と体。体と心。

心と現実。現実と心。

2つが結びついているのなら、
どちらが先か、どちらが影響を与えているのか?
これは、心理学の重要な命題です。

26 心身の〝若さ〟は、どこからくる？

「もしも」の話です。

タイムマシンが発明されて、あなたは20年前の世界に戻りました。

そして1週間、20年前の家族や周囲の人たちと、20年前の世界で暮らした後、今の世界に戻ってきました。

さて、心身に何か変化はあったと思いますか？

Ⓐ 1週間ぐらいでは、特に変化はないだろう
Ⓑ 頭も体も、少し若返ったのではないだろうか

26 「20年前だと思って生活してみる」と……

これはあくまでも仮定の話ですが、もしかしたらタイムマシンで過去に戻ってそこで生活をすると、Ⓑのように人は若返る可能性があるのです。

そんな可能性があることを実験で証明したのが、ハーバード大学の心理学教授エレン・ランガー博士。

博士は、自身の著書『「老い」に負けない生き方』の中で、こんな実験をしたことを紹介しています。

『カウンタークロックワイズ研究』と題されており、日本語に訳すと**『時計の針巻き戻し実験』**という意味でしょうか。

博士とそのスタッフは、１９７９年、新聞にこんな募集記事を載せました。

「田舎の家で1週間のんびり過ごし、思い出話に花を咲かせませんか？」

集まった参加者は、75歳の16名の男性たち。

男性たちにはその実験の目的は知らされず、単に1週間合宿所で暮らすということしか教えられていませんでした。

彼らに出された指示はこういうものでした。

「これから1週間、今が1959年であると思って生活してください」

つまり、20年前だと思って生活するように指示されたのです。その生活を実現するために、当時の服が用意され、全員にそれぞれの20年前の顔写真の入った身分証明カードも配られました。

生活する空間も50年代風のインテリア、そして50年代のテレビやラジオなどの家電製品が配置されました。本棚に置かれた本や雑誌も50年代のものです。

参加者たちは、まるでタイムマシンで20年前の世界に放り込まれたような状態になったのです。

そんな空間の中で1週間、参加者たちはお互い当時を振り返りながら、自分が20歳若返ったつもりで生活を送りました。

果たして1週間後、彼らにはどんな変化が起きたでしょう。

なんと**ほとんどの参加者が、身体の柔軟性が明らかに増し、姿勢がよくなり、手の握力もずっと強くなった**というのです。また、**視力が平均して10％近く改善し、記憶**

力も向上したと言います。

「若いと思い込むことが人間の肉体をも若返らせる」という驚くべき結果となったのです。

この結果を受けて、ランガー博士はこう述べています。

「**私たちの限界を決めているのは、肉体そのものではなく、むしろ頭の中身のほうなのです。**『もう年だから無理』と勝手に決めつけてしまっているだけ。いつまでも若々しく健康でいたいのなら、自分で自分の限界を決めつけてしまわないようにすることです」

確かに私たちは「もう若くはないから」「もう年だから」と自分で自分を余計に老け込ませているのかもしれません。そういう言葉が口ぐせになっている人は、まずその言葉を封印しましょう。そして、「まだ老け込む年じゃない」「若いんだ」と自分に思い込ませましょう。

限界を決めているのは、肉体ではなく頭の中身

27 男女で〝世界の見え方〟は、こうも違う！

男と女、色の識別能力が高いのはどちらでしょう？

27 〟進化の過程〟での役割が、目の機能を変えた

これはいうまでもないことかもしれませんが、識別能力が高いのはもちろん女性。ニューヨーク市立大学ブルックリン校のイズリエル・エイブラモフ心理学教授の実験もそれを裏づけています。

16歳以上の若い男女を対象に、色の識別と動体視力を中心とした調査をしてみたところ、まず色の識別に関しては男女で次のような違いがあることがわかりました。

女性→特に黄・緑・青といった色の識別能力が男性に比べて高い

男性→オレンジ色を女性より赤みがかった色として感じる

こうした識別能力の差は、人類の進化の過程における男女の役割分担と密接に関係しているようです。

女性は産み育《はぐく》み、そして守る性。我が子やつれあい、仲間に食べさせるものには細

心の注意を払う必要がありました。

そのためには**安全なものか危険なものかを見分ける能力**が必要です。見分けるポイントは色。ですから、おのずと識別能力が発達したのだと思われます。

一方、男性は食料調達が役目。獲物を確実に仕留めたかどうかを知るには、1つの色に注目すれば事足りました。

それは、血の色を示す赤。それが習い性となって、現代の男性にも受け継がれたのだと思われます。

この研究でわかったもう1つの男女の視覚の違い、それは動体視力の違いでした。こちらは、男性のほうが優れていました。**獲物の素早い動きに反応する視力が必要だった**からなのでしょうね。

他にも、男女の能力の違いは次のようなところで見られます。

男性↓一点集中でものを見る傾向があるので、標的にボールを当てるのが得意

- 女性↓広角《こうかく》でものを見るのが得意なので、神経衰弱などのゲームが得意
- 男性↓1つのことに集中しやすいので、オタク（専門家）になりやすい
- 女性↓複数のことを同時にこなせるので、五感を使った仕事向き
- 男性↓瞬発力はあるが、心はポキッと折れやすい
- 女性↓持続力があって、したたかに生きる

つまり、男と女とでは、能力の進化のさせ方が違ったということ。

男性が女性の化粧や見た目の変化にあまり興味を持たず、女性が男性ほど動きの速いシューティングゲームなどに興味を示さないのは、こうした理由があるからなのかもしれません。

男女の能力の違いには「必然性」がある

28

〝食欲〟という本能も、自力でコントロールできる？

クッキーは食べたい。でも、ダイエットのために食べる量は少しでも減らしたい。
そういう場合、どちらのパッケージの製品を購入すべきだと思いますか？

Ⓐ クッキーがむき出しのまま箱に入っているもの

Ⓑ クッキーが１枚１枚個別に包装されて箱に入っているもの

28 「ちょっと面倒」にするだけで、こんなに結果が変わる

これはⒷを選択した人がほとんどではないでしょうか。

Ⓐはいかにもつまみやすそうなので、映画館で食べるポップコーン並みにどんどん食べてしまいそうです。

一方、Ⓑはいちいち包装を破らなければなりませんから、食べるのも億劫《おっくう》になりますものね。少しはダイエット効果もありそうです。

それを実験で確かめたのが、トロント大学のディリップ・ソマン教授とバージニア大学のアマール・チーマ教授のお二人。
実験では、グループＡとグループＢの被験者たちそれぞれに、24枚入りのクッキー一箱が手渡されました。ただし、渡されたものにはちょっとした違いがありました。
グループＡ…クッキーがむき出しのまま入っている箱
グループＢ…クッキーがそれぞれ個別に包装されている箱

それをそれぞれ食べてもらったのですが、結果には大きな違いが出ました。

グループAの人たちは平均6日でクッキーを食べ切りました。なのに、グループBの人たちは食べ切るのに平均24日を要したのです。

「包装したものを破る」というワンアクションが加わっただけで、完食するまでにかかる日数が18日も延びたのです。

私たちは、行動がラクであればラクなほど、その行動を頻繁に行なってしまいます。

ワンクリックだけで買い物ができるネットショッピングにハマってしまうのも、そのせいです。

逆に小さな行動でもちょっとした弊害《へいがい》（包装紙）があるだけで、その行動を行ないにくくなるんですね。

このことからいえるのは、ダイエットの効果を上げるために食事の量を減らしたいのであれば、次のような工夫をして、食べるまでのアクション数を増やすことです。

- 小さなスプーンで食べる（口に運ぶ回数が増える）
- 盛りつける器を小さくする（おかわりの回数が増える）
- 外食ではなく自炊《じすい》する（調理という作業が増える）

逆に、行動すべきなのに腰が重くてなかなかやる気が起きないことは、アクションを減らすことでやる気も出てきます。

たとえば、なかなか覚える気になれない英会話の本などは、お風呂に常に置いておいて、湯船につかるついでに開く習慣を身につければ、２つのことを一度でできるので効率もよくなりやる気も出てきます。

休日にスポーツジムへ行くと決めたら、前日の夜、バッグにジムで必要な着替えやタオルなどをすべて入れて玄関に置いておく。そんなふうに少しでもジムに行きやすい状況をつくっておけば、翌日のアクションを１つ減らすことができるので行動もしやすくなるはず。

お試しを。

「必要なアクションの数」を変えて、やる気は生み出せる

29 子どもと母親は、ここまで結びついている

ニンジンは、子どもの嫌いな野菜の1つです。
それを好きにさせるには、次のどの方法が効果的だと思いますか？

Ⓐ 妊娠後期に、お母さんがニンジンジュースを定期的に飲む
Ⓑ 授乳時に、お母さんがニンジンジュースを定期的に飲む
Ⓒ どの時期も、お母さんはニンジンジュースは飲まない

29 母親のお腹の中で、胎児も「味わっている」

より効果があるのはⒶです。

子どもの好き嫌いには、驚いたことに、妊娠中の女性の食生活が大きく関係しているようなのです。

というのも、妊婦が食べた物の成分が、血液などを通して胎児《たいじ》に運ばれるから。

つまり、**お母さんの好む食べ物の味を胎児も吸収するので、自然と食べる習慣がついてしまい、それが好みにもなってしまう**ということです。

それを実証するべく、アメリカのジュリー・メネラという心理学者が、妊娠中の女性を次の三つのグループに分けて実験を行ないました。

①妊娠後期にニンジンジュースを週4回飲んでもらうグループ

②出産後、授乳中にニンジンジュースを飲んでもらうグループ

③妊娠中も出産後もニンジンジュースを飲んでもらわないグループ

そして、それぞれのグループの離乳時の子どもたちの好みを比較してみたのです。

すると、①のグループ、つまり妊娠中にニンジンジュースを飲んでいたお母さんから生まれた子どもは、他のグループの子どもより明らかにニンジンを好んで食べることがわかりました。

お母さんが飲んだニンジンジュースの成分を、胎児も血液や羊水《ようすい》を通して摂り入れるので、自然とニンジンが好きになってしまったというわけです。

味を感じる味蕾《みらい》が胎児に形成され始めるのは、妊娠8週前後。妊娠12週前後には、味蕾は成人並みに発達することがわかっているそうです。

つまり、**胎児は毎日羊水の養分をちゃんと味わっている**ということ。

私たちが〝お袋の味〟をいつまでも忘れられないのは、お腹の中にいる頃からお母さんが好む味と、その味つけをした料理のエッセンスを堪能《たんのう》していたからなのかもしれませんね。

そもそも、人は初めて食べるものには警戒します。抵抗力のない子どもは余計に警戒するようにできているので、そういう食べ物は断固拒絶します。ニンジンやピーマンがお皿に入っているのを見ただけで、ふくれっ面になったり泣き出してしまうのはそのせいです。

でも、妊娠期間中にニンジンジュースに親しんでいた子どもは違います。ニンジンを食べることを胎児の頃から学習していて、その味になじんでいるので、喜んで受け入れるのです。

つまり、好き嫌いのない子どもに育ってほしいと願うなら、妊娠中の食事がとても大切だということ。

好き嫌いなど偏食《へんしょく》傾向のある人は、その傾向が子どもにも表われます。もしあなたが女性で、好き嫌いがあると自覚している人は、妊娠をきっかけに食生活を見直す必要がありそうです。

お母さんの好き嫌いは、子どもにも影響する

30 犬と猫、「癒し能力」が高いのは、どっち？

『アニマルセラピー』とは、その名の通り、動物とのふれあいを通して、人に心理的な安らぎを与えたり精神的な健康を回復させたりする手法のこと。

そこで大活躍しているのが犬と猫ですが、さて、その癒《いや》す能力に違いはあるのでしょうか。

30 猫の〝ツンデレ〟の、すごい効果

動物たちは不思議な能力を持っています。それは私たちの感情をいとも簡単に揺さぶり、乾いた心を潤《うるお》してくれる〝癒し〟の能力です。

アニマルセラピーで活躍する動物には、犬や猫の他、ウサギ、馬、イルカなど、人間と喜怒哀楽を共有できるような情緒性の高い哺乳類が主に用いられますが、やはり身近なのは犬と猫でしょう。

特に犬は、使役《しえき》犬として、また愛玩《あいがん》犬として人間とともに暮らしてきた、長い歴史を持っています。また、犬の持つ生来の社交性、反応の素直さ、喜怒哀楽のわかりやすさ、そして人の気持ちを察する能力は他の動物の追随《ついずい》を許しません。

ですから、セラピードッグとして多くの犬種がアニマル・セラピーに関わってきました。癒しの存在としては猫の先輩格といえます。

特に、マルチーズやチワワ、シーズー、トイプードル、ヨークシャーテリアといった小型犬は、お年寄りや子どもにも扱いやすく、甘え上手で抱っこされるのも大好き。

癒し効果も抜群で、セラピーの素質十分です。

一方、猫も癒し手として優秀な存在です。

猫は犬ほど従順ではありません。でも、それだけにそんな猫が膝に乗ってくれると、「猫が自分の意思で乗ってきてくれた」という意識が人間に生まれます。**自由奔放な猫が自分を選んで近寄ってきてくれたという満足感が癒し効果を生み、精神状態を安定させてくれる**のです。そこが犬との大きな違い。

また、最近の研究では、猫とのふれあいによって人間の脳に大きな変化が表われることが明らかになっています。

東京農業大学の内山秀彦准教授らの研究チームが、最新の機器（光イメージング脳機能測定装置）を使って、40人の被験者を対象に、動物とふれあう実験を行なったところ、**猫とふれあったときのほうが、犬とふれあったときより2倍近く脳の活動が高まることが判明した**というのです。

猫とのふれあいでそれほど脳が活性化するとなると、お年寄りには「癒し」以上の効果があるかもしれませんね。

犬と猫で違いが出たのは、それだけではありません。

犬の場合は「お手」「待て」といった命令に犬が従ったときに、人の脳が活性化しました。でも、**猫の場合は命令に従わなかったときに、人の脳が活性化した**のです。

猫のツンデレに人間は弱いとよくいわれますが、猫にツンツンされると人間はなんとか自分にふり向いてもらおうと、頭を働かせるようになるということでしょうか。

また、ミネソタ大学脳卒中研究所（アドナン・クレシ教授）の研究によると、猫を飼っている人は心筋梗塞《しんきんこうそく》などで亡くなる確率が40％も低いことが判明しています。

これは、「猫の飼育と心血管疾患」の関連について調べたもので、30歳から75歳の、猫の飼育歴のある人2435人と飼育歴のない人2000人を、10年間にわたり追跡調査して出た結果なのだとか。

猫はセラピーアニマルとしては犬より後輩ですが、その能力は犬に勝るとも劣らないものがあるようです。

自分にはない〝気ままさ〟に、人の頭は活性化させられる

31 犬を飼っている人、飼っていない人の違い

心臓発作で倒れた人の回復力を、犬を飼っている人といない人とで、比べた実験があります。

その結果で判明したのは、次のどれでしょう?

Ⓐ 生存率に変化はなかった

Ⓑ 犬を飼っている人の生存率は飼っていない人の3倍

Ⓒ 犬を飼っている人の生存率は飼っていない人の9倍

31 犬は人の心だけでなく「病気」をも癒す

犬がさまざまな場面で人の気持ちを癒してくれることは、一度でも犬とふれあったことのある人なら理解できるはずです。

気持ちを癒してくれるのなら、病気も癒してくれるのでは――そう考えたメリーランド大学のフリードマン博士らは、心臓発作で倒れた人の回復率を、犬を飼っている人といない人で比べるという実験を思い立ちました。

12カ月の経過観察の結果判明したのは、**犬を飼っている人の生存率のほうが飼っていない人よりも9倍近く高かった**ということ。

どうやら犬は、私たち人間の病気も癒してくれる存在のようなのです。しかも、想像以上に。

その事実を補強する研究は他にも行なわれています。ニューヨーク州立大学バッファロー校のカレン・アレン博士が行なった実験もその1つ。

博士が被験者に選んだのは、日々ストレスと闘い続ける証券マンたち。

彼らを2つのグループに分け、片方のグループにだけ犬をあずけて一緒に暮らしてもらいました。そして半年後に全員の血圧を測定したのです。

結果は明らかでした。**犬と暮らしていたグループの被験者たちの血圧は安定しており、健康面も犬と暮らしていなかったグループよりずっと良好**でした。

犬と暮らすことがなぜ、人の心身に良い影響を与えるのか。その理由はいくつも考えられています。

毎日定期的に散歩に連れて行くことが、飼い主の心身にプラスに働くこと。

また、犬は嫌な顔一つせずグチの聞き役になってくれること。

そして、**犬とふれあうことで「幸せホルモン」とも呼ばれるオキシトシンが分泌《ぶんぴつ》されてストレスを解消してくれる**ことなどなど。

また、それ以上に犬を飼うことで人とのふれあいが増えることが大きいと、研究者たちは指摘しています。

筆者にも経験がありますが、犬と散歩をすると〝犬友〟といわれるお友達がたくさんできます。**犬と一緒だと知らない人とすぐに打ち解ける**んですね。そして、「〇〇ちゃんのパパ（ママ）」と呼ばれるようになります。人と人を結びつけてくれる犬は、私たちの想像以上に飼い主に幸せをもたらしてくれているようです。

「そう言われても、うちはペット禁止のマンションだから」

そういう読者は、ロボット犬を飼ってみてはいかがでしょう。ロボット犬でも、本物の犬と同じように癒しをもらえることが、実験で確かめられているのです。

実験を指揮したのは、セントルイス大学医学部のマリアン・バンクス博士。

博士たちは、長期療養所で暮らす患者のもとを週1回訪れ、本物の犬とロボット犬にふれあう時間を設けました。

すると、**8週間後には入所者の人々は、どちらの犬とも同じように強い精神的絆《きずな》で結ばれ、安らぎと癒しをもらうようになった**というのです。

ただし、ロボット犬を飼うには血統書《けっとうしょ》つきの犬と同じか、それ以上の出費は覚悟してもらわないといけませんけどね。

ロボット犬にも、本物の犬と同じ〝効果〟がある

32 胸が張り裂けそうな失恋の痛み

失恋の痛みほどつらいものはありません。

「心が締めつけられるほど痛い」

「胸が張り裂けそう！」

失恋の痛みを表現する言葉にはさまざまありますが、失恋で本当に肉体的な痛みを感じることってあるのでしょうか。

Ⓐ ある
Ⓑ 単なる比喩《ひゆ》表現

32 〝失恋の痛み〟は、科学的に証明されている

実は、Ⓐの「ある」が正解のようなのです。〝心の痛み〟というのは単なる比喩的な表現ではなく、医学的な現象であることが、研究によって明らかになっているのです。

心の痛みには、『ブロークンハート症候群』というれっきとした症名まであります。

アメリカ・ロヨラ大学の心臓内科医、ビン・アン・ファン博士によれば、ブロークンハート症候群とは、親族の死や失恋などの強いストレスや感情の動きに伴う症状であるとのこと。博士の患者にも、バレンタイン後にこの症状を訴える人が増えるそうです。

別名をストレス性心筋症《しんきんしょう》といって、胸の痛みや呼吸困難など心臓発作と似た症状を起こしますが、幸いなことにそういった症状は時間とともに去ります。

通常の心臓病のように、心臓にダメージが残ってしまうようなことはないらしいので、失恋経験の多い人も心配する必要はなさそうです。

でも、なぜそのような症状が現われるのでしょうか。

失恋など強いストレスを受けると、心臓にはアドレナリンなど大量のストレスホルモンが流れ込みます。これによって、心臓に血液を送る動脈が狭《せば》まるのです。

それは、血栓《けっせん》が動脈につまって血流が悪くなった本物の心臓発作と同じような状態ですから、「胸が締めつけられるように痛む」のも無理はないのかもしれません。

ただし、本物の心臓発作と異なり、ブロークンハート症候群では、時間の経過とともに血管や血流の状態はもとに戻ります。そこが心臓発作との大きな違いでしょうか。

ブロークンハート症候群の表われ方には、男女で違いがあるようです。

この症候群が心身に出現しやすいのは、圧倒的に女性。

アーカンソー州立大学のアビシェク・デシュムク博士らの研究によれば、**女性は男性より7~9倍も、ブロークンハート症候群にかかりやすい**のだそうです。

ただ、かかりやすさだけで〝女性は繊細、男性は図太い〟とは言い切れないようです。というのも、男性の場合、配偶者の死亡によるブロークンハート症候群が深刻な事態につながりやすいからです。

ロンドンにあるカス・ビジネス・スクールのヤープ・スプリュー博士らが、保険会社のデータをもとに行なった調査によれば、**妻を失った夫は、夫を失った妻よりも、悲しみのあまり死に至る確率が6倍も高い**ことが判明しているというのです。

特に、妻の死後、1年以内に夫も死んでしまうケースが非常に多いのだとか。

愛する配偶者を失うことは、心に多大な影響を及ぼす出来事です。特に男性にとっては、毎日の生活も一変してしまうことがあります。

妻の生前には、家事をしていなかった人も多いでしょうからね。男性は、つれあいを亡くして初めて妻の偉大さを知り、自分の無力さを痛感するというわけです。

失恋と配偶者の死とではストレスの度合いに違いはありますが、悲しみで心が痛くなるのは気のせいではなく、心臓に本当に異変が起こっていることは確かなようです。

「悲しみで胸がつぶれそう」は、気のせいではない

33 人は「愛するものの死」をどう乗り越えるか

「ペットロス」という言葉を耳にするようになって久しいですが、なぜ人は飼っていた犬や猫の死をそれほどまでに悼《いた》み悲しむのでしょう。

33 人は絶望から「5つのプロセス」を経て回復する

ペットロスとはその言葉の通り、ペットを失うということ。

「ペットロス症候群」ともいいますが、ペットと死別したり、ペットが突然行方不明になってしまうことで深い悲しみに襲われ、時にはうつ状態に陥《おちい》ってしまいます。喪《そう》失感《しっかん》から、普段通りに日常生活を送ることが困難になってしまうことさえあります。

ペットを飼う人にとって彼らは我が子のような存在。家族と一緒に長い年月をともに暮らしてきたのですから、ペットロスを経験しても不思議ではありません。

筆者自身、病気の猫を3カ月というとても短い期間ではありましたが預かって、その死を看取《みと》ったときは、自分の無力さを痛感して、1週間ほど固形物がノドを通らなくなってしまいました。あんな状態になったのは後にも先にもそのときだけだったように思います。

喪失感や悲しみのプロセスについては、ドイツの精神科医であるエリザベス・キューブラー・ロス博士が発表した『**悲しみの5段階**』という理論があります。

これは、悲しみのどん底から心がどう回復していくかの過程を示したものです。

博士は、1960年代に200人もの末期ガン患者と面会し、死を告知された本人やその家族がどのような精神状態を経て死に向き合っていくのか、彼らへのインタビューを通じて明らかにしました。

それは**「否認」**から始まり、**「怒り」**、**「取引」**、**「抑鬱《よくうつ》」**、そして**「受容《じゅよう》」**を経て、やっと自らの運命を受け止めるというものです。


「否認」……死ぬことを受け入れることができず、死を認めない心の動き。身辺整理ができなかったり、火葬《かそう》することを拒《こば》んだりしまう状態のこと。

「怒り」……医師に対して「もっと適切な処置をしてくれれば助かったのに！」と怒りをぶつけることもあれば、自分自身に対しても怒りを感じます。「なぜもっと早く気づかなかったんだろう」「私がもっと気をつけていれば」と、死を他人や自分のせいにしてしまう状態のこと。

「取引」……悲しみを乗り越えるために神仏にすがるような状態のこと。「あの人にもう一度会えるのなら何だってします」と願掛《がんか》けをしたり、スピリチュアルな体験に没頭してしまうような時期のこと。

「抑鬱」……何をしても楽しくなかったり、集中して物事に取り組むことができなかったり、深い悲しみの渦《うず》に巻き込まれて脱け出せない状態のこと。

「受容」……少しずつ死を受け入れられるようになる時期のこと。もちろんまだ悲しみは残っていますが、絶望感はだいぶ薄れ、「今頃はあちらで先に逝《い》った○○と楽しくしているのかな」などと思えるようにもなり、なんとか日常生活も送れるようになります。

大切な存在を失った人がすべてこのプロセスを経ていくとは限りません。でも、このようなプロセスが訪れることが事前にわかっていれば、必要以上に感情に振り回されることはなくなると思われます。参考になさってみてください。

終わりがないように思える悲しみにも、「段階」がある

34

"口グセ"が心を作る?

ストレスの多い現代社会。世界保健機関（ＷＨＯ）報告書によると、うつ病を患《わずら》う人は世界で推計3億人を上回り、年々その数を増やしているのだとか。

そんなうつ病の人の発する言葉には、特徴があるといいます。

さて、どんな言葉をよく発していると思いますか?

Ⓐ でも

Ⓑ 絶対

Ⓒ どうしよう

34 〝完璧主義〟の人が使いがちな言葉

「現代はストレス社会」

そういわれて久しいですが、それに伴ってよく耳にするようになったのがうつ病や軽うつという言葉。

症状には程度の差があり、見た目にはうつ病だと周囲から気づかれない場合もあるので、そうした潜在的なうつ病患者を含めると、さて何億人になることでしょう。

とにかく理解されづらい精神疾患のひとつだといわれています。

では、自分にうつ傾向があるかどうかを簡便に推《お》し量《はか》る方法はないものでしょうか。

その方法の1つが、医学雑誌『Clinical Psychological Science』に掲載されたのでご紹介しましょう。

その研究論文によると、うつ病患者は〝うつ語〟ともいうべき特殊な言葉を話していることが明らかになったというのです。

それが判明したのは、数分で巨大なデータ群を分析することのできる最新のコンピュータ解析技術のおかげ。その技術を使って、ネット上で公開されている膨大な数のうつ病の人々のエッセイやコメントを解析した結果判明したのだとか。研究を指揮したイギリス・レディング大学の心理学者、モハメド・ムサウィ博士によると、うつ病の人が使う言葉には、3つの特徴があるのだそうです。

その特徴とは、「私（自分）」の多用、「否定的」な言葉の多用、「絶対」の多用。

「私」、「自分」一人称代名詞の多用

うつ病の人は「私（I、me）」や「自分（myself）」など一人称の代名詞を多く使う傾向にある。逆に「彼女（she）」や「彼ら（they）」など二人称、三人称を使うことはほとんどない。これは自分自身に意識が集中しており、他者とのつながりが少ないためだと考えられている。

否定的な感情を過剰に表現する

うつ病の人が書いたものには、否定的な感情を過剰に表現しているという特徴がある。「孤独」「悲しい」「寂しい」「悲惨《ひさん》な」など、否定的な形容詞や副詞を多用する傾

向が顕著に見られたのだとか。

「絶対」「完全に」といった言葉の多用

うつ病の人が書いたものには完璧主義、潔癖主義的な発言や言葉が目立つのも特徴の1つ。それだけに「絶対」「完全に」「決して」などといった言葉が多用されている。そうした頑《かたく》なな思考が、うつ状態を引き起こす一因ではないかとも考えられている。

この特徴から考えて、設問の答えはBということになります。

最近、気分が優れない、憂《ゆう》うつが晴れないという人は、自分が「うつ語」を言葉として発してしないか、周囲の人に聞くなどしてチェックしてみてはいかがでしょう。

「否定的な言葉」と「絶対」は、なるべく使わない

5章

人を好きになる理由、心が離れる理由

……恋愛の〝微妙な揺れ〟を解明する心理実験

出会って、心惹《ひ》かれ、一緒にいるようになる。
それは私たちの人生にとって、
最も大きな出来事のひとつでしょう。

「恋」「愛」はどこからやってくるのか?
その〝はかない感情〟を、
長持ちさせる術《すべ》はあるのか?

心理実験が、証明しています。

35 デートで距離が縮まる場所は？

初めてのデート。

より打ち解けやすいのは、心理学的にはどちらの場所だと証明されていると思いますか？

Ⓐ 甘い香りが漂《ただよ》うスイーツの店

Ⓑ 小鳥がさえずる公園

35 〝香り〟で人の心は変わる

より打ち解けやすいのはⒶだと思われます。

というのも、甘い香りは人を優しくするからです。


オクラホマ大学の心理学者ロバート・A・バロン教授がこんな実験を行ないました。

大型のショッピングモールで、通りかかった人を呼び止めて紙幣《しへい》の両替を頼んだりペンを落としたりして、どれくらいの人が親切に応対してくれるかを調べたのです。

この実験は、ショッピングモールにあるさまざまな業種の店の前で行なわれました。

平均すると、協力してくれたのは全体の2割程度だったそうです（男女別だと、男性23・6％、女性15・0％）。

ところがある業種の店の前でやったときだけ、半数以上の人が協力してくれました。

それが、クッキー屋さんなどの甘い香りを漂わせている店だったのです。

こちらの場合は、男性では50・3％、女性では59・9％の人が快く応対してくれました。

甘い香りを嗅《か》いだだけで、男性で約2倍、女性だと約4倍も優しくしてくれる人が増えたというんですから驚きです。

特に、女性のアップ率の高さは驚異的。甘い香りに包まれると、どんな女性も優しい気持ちになるということ。

男性の読者で、「気になる女性がいるんだけど、なかなかこちらをふり向いてくれなくて」とお悩みの方にはこの情報はかなり役立つかもしれません。

それにしても、なぜ甘い香りはそんなにも人を優しくするのでしょう。

その理由の1つは、甘い香りを嗅ぐと気分がよくなり、その気持ち良さを誰かと分かちあいたくなるためだといわれています。

また、**甘い香りは脳の「報酬系《ほうしゅうけい》」と呼ばれる部分を活性化させるので、ポジティブな行動を起こしやすい**のだそうです。

甘い香りがもたらす好感情は、別の実験でも確かめられています。

オーストラリア、ジェームズクック大学の心理学者ジョン・プレスコット博士は大学生を対象に、香りが私たちの我慢強さにどのような影響をもたらすのかを調べました。

実験は、冷たい水の中にどれくらい腕を入れ続けることができるかを計《はか》るといったものでしたが、学生たちには実験の前に、さまざまな香りを嗅がせておきました。

用意した香りは「甘い香り」、「不快な香り」、「心地良いけれど甘くはない香り」の3種類。

すると、**甘い香りを嗅いだ人たちは、他のグループよりも長く我慢することができたのです。**つまり、甘い香りが私たちの心を強くさせることがわかったのです。

これらの実験から学ぶとすれば、デートはスイーツの店を選ぶこと。そして、カップルで一緒に食事をするなら、食後に甘いデザートを食べることです。

甘い香りを楽しみながら食べれば、相手に優しく接することができますし、たとえ相手がつまらない話をしても我慢強く聞いてあげることができるのですから。

デートは「甘い香りのする店」で

36 彼女に「してあげる」？ それとも「してもらう」？

意中の彼女に、自分という存在を意識してもらうために効果的なのは、心理学的にはどちらの方法だと証明されていると思いますか？

Ⓐ 買い物につきあって、荷物を持ってあげる

Ⓑ 仕事に使うデスク周りの整理を手伝ってもらう

36 心を〝ザワザワ〟させることが、恋につながる

意中の彼女の気持ちを自分に向けたいのなら、Ⓑのやり方のほうが効果がありそうです。この方法は、恋愛のマニュアル本などでも、「意中の相手に、手のかかる頼み事をして気をひく」といった感じで紹介されています。なぜ効果があるのでしょう。

それは、心理学でいう**『認知的不協和理論』**で説明できます。

このメカニズムは1957年、アメリカの心理学者レオン・フェスティンガーによって提唱された理論です。

人は、**目の前で起きた物事と自分の考えや欲求などにズレ（不協和）が生じると、違和感や不快感を覚えて、なんとかそのズレを解消しようとする**というのです。

たとえば、タバコを吸っている人は、それが健康に悪く、周りの人の迷惑になることを知っています。一方で、喫煙はやめたくないという気持ちがある。

その相反する気持ちは心の中に不協和を生み出します。それを解消するためには、

タバコをやめるという手がありますが、そう簡単にはいきません。

そこで、**自分の中で矛盾《むじゅん》が生じないように、思考のほうを変えてしまう**のです。

「タバコはストレス解消になっているから」「タバコを吸っても健康で長生きしている人が大勢いる」——そんなふうに考えることで、不協和はめでたく解消、喫煙者はタバコを吸い続けることができるのです。


フェスティンガーは、それを実験でも確かめました。

男子学生に、糸巻きを取り出して並べるといった単純な作業を延々やらせたのです。

作業後、彼らには女子学生に対し「面白い仕事だった」と嘘をついてもらいました。

その男子学生のうち、一方のグループには1ドルの報酬を、もう一方のグループには20ドルの報酬を与えました。

結果、なんと1ドルを報酬としてもらったグループのほうが、嘘をつくのが非常に上手だったことがわかったのです。

なぜかといえば、20ドルという高いバイト代をもらった学生は、「退屈な単純作業だったけど、20ドルもらえたんだから、まあいいか」という気分になり、嘘もおざなりになってしまったと考えられます。

それに対して、1ドルしかもらえなかった学生は、割に合わない労力の埋《う》め合わせをするために、嘘をつくことで不協和を解消しようとする心理が強く働いたのだと博士は解釈したのです。

今回の設問についても同じことが言えます。

Ⓐの場合、荷物を持ってもらった女性は感謝はするでしょう。でも、それで不協和を覚えることはありません。

一方、Ⓑの場合は、デスク周りの掃除というやりたくもないことをやらされるのですから、心に不協和が生まれます。それを解消するために、自分にこんな言い訳(都合のいい解釈)をする可能性が出てくるのです。

「こんなことを率先してするのは、もしかしたら私がこの人を好きだから?」

そう思わせたらしめたもの。彼女は男性を意識し始めますから、遠からず恋に落ちてしまう、というわけです。

気になる相手には「手伝ってもらう」

37
〝共通点〟は、2人の関係にどう響く？

恋が長持ちするのは、どちらのほうだと思いますか？

Ⓐ 好きなものが共通している2人

Ⓑ 嫌いなものが共通している2人

37 「嫌なこと」「嫌いなもの」が同じ2人は、長く続く

「人は自分と価値観の近い人を好きになりやすい」

これは心理学ならずとも昔からいわれていることです。

『**類似性**』といって、人は性格などが似ているよりも、価値観の近い人を好きになりやすい傾向があるのです。

たとえば、映画を観るのが大好きで、映画の話を始めたら止まらなくなる2人なら確かに意気投合しそうです。

ただ、その恋が長持ちするかというと、話は別になります。

実は、**恋が長持ちするカップルには「嫌いなものが似ている」という共通項がある**のです。

それを実験で確かめたのが、南フロリダ大学の心理学者ジェニファー・K・ボッソン博士とその研究グループ。

被験者となったのは、大学生の男女97人。

いくつかの実験と経過調査の結果、Ⓑの「嫌いなものが共通している2人」のほうが恋が長続きすることが判明したというのです。

中でも会話が盛り上がったのが「苦手な人」の話題でした。苦手な人が共通していた場合は、「なぜその人が苦手か」「どこが気に入らないのか」で会話に熱が入り、それまでよそよそしかった男女の親密度が一気に高まったのだとか。

似たような経験、あなたにもあるのでは？　相手がクラスメートにしろ、職場の上司にしろ、人の悪口って普段抑《おさ》えているだけに、いったん口火を切ると抑えがきかなくなることがありますものね。

その相手が共通していれば、ますます会話が白熱してしまいそうです。

それにしても、なぜ好きなものより嫌いなものが共通しているほうが恋は長持ちするのでしょう。

好きなものや好きなことは、時が経つうちに変わってしまうことがありますよね。味覚にしても、子どもの頃の好みと大人になってからの好みはずいぶん違うはず。好きなものの価値観はうつろいやすいのです。

一方、**嫌いなもの、嫌いなことというのは、子どもの頃の体験やトラウマなどがベースになっていることもあってか、なかなか変わりません。生理的なものが潜《ひそ》んでいるので頑固なのです。**

つまり、嫌いなものが一緒なら、長く共有できるので、それだけ長く強く絆を感じられるということ。ですから、嫌いなものが共通しているほど、恋も長続きする可能性が高まるというわけです。

もし、将来結婚も視野に入れている相手がいるとしたら、会話中に「嫌いなもの」「苦手なもの」を話題に出してみましょう。恋が長持ちするかどうかのバロメーターになるはずですから。

「好きなもの」は変わっても、「嫌いなもの」は変わらない

38
女性を心から喜ばせたいなら――

女性がパートナーからしてもらって、より嬉しく感じるのはどちらだと思いますか?

Ⓐ 仕事で疲れて帰ってきた自分のために、お風呂を用意してくれる

Ⓑ 記念日に、自分に宛《あ》てて大きな花束を仕事場へ届けてくれる

38 女性は〝値段〟より〝ロマンチックさ〟に感動する生き物

2009年、イギリスの心理学者リチャード・ワイズマン博士は、世界中の男女6500人を対象に、恋愛に関わるオンライン調査を行ないました。

その結果判明したのは、**女性は高価なプレゼントよりも〝ロマンチックな行動〟を日常的にしてもらうことを求めている**ということでした。

ちなみに調査で女性が「パートナーにしてもらってロマンチックな愛を感じる行為」として高い点をつけた上位10項目は、次のようなもの。

①彼女に目隠しをした後、思いがけないプレゼントをして喜ばせる
②週末にいきなり彼女を素敵な場所に連れていく
③彼女について詩を書く
④「君は最高に素敵な女性だ」と彼女に言う
⑤仕事で嫌な思いをした彼女のために、くつろげる風呂を用意する

⑥彼女にロマンチックな言葉を書いて郵便やメールで送る、あるいは家のどこかに残しておく
⑦彼女が寝ているベッドに朝食を運んで起こす
⑧彼女が寒がっているときに、自分のコートを着せる
⑨彼女に宛てて、大きな花束かチョコレートを仕事場へ送る
⑩彼女の好きな曲を集めてダビングし、CDを作る

これは英語圏を中心に集められたデータなので、国民性の違いもあって、日本人の私たちからするとちょっと首をかしげるものもあるかもしれません。日本で同じ調査をしたらどんなトップ10になるでしょうか。

それでも、**女性がサプライズが好きなこと、そして高価なプレゼントよりも行動で愛を示してくれたほうがときめく**ことは共通しているように思われます。

設問のⒶとⒷは5位と9位ですから、女性からするとお金のかかる「大きな花束」よりも「くつろげるお風呂」のプレゼントのほうを求めているということになるでしょうか。

もう1つこの調査でわかったのは、女性と男性では愛を感じるロマンチックな行為の評価が違うということでした。

たとえば、「君は最高に素敵な女性だとパートナーに言う」という行動のロマンチック度に最高点をつけた女性は25％もいたのに、男性はわずか11％しかいませんでした。

同様に、「仕事で嫌な思いをした妻のために、くつろげる風呂を用意する」のロマンチック度に満点をつけた女性は22％だったのに対し、男性は10％でした。

男性からすれば「愛しているんだから言葉にする必要はないじゃないか」と思うかもしれませんが、女性はそうは思わない人が多いということ。

博士は言います。

「男性がロマンチックな行為をしないのは、愛情がないわけでも怠《なま》け者なわけでもなく、そういう行為に女性が愛を感じるとは思っていないからだ」

この言葉を男性は肝に銘じて、パートナーには言葉や行動で愛を示す必要がありそうです。

愛は、言葉と行動で示す

39

女性にとって〝本当に魅力的〟な男性

イギリスのある心理学者が「女性は、男性のどんなところに魅力を感じるか」を実験で確かめました。

さて、次の2つの男性の顔の要素のうち、女性にとってより魅力的に映ったのは、どちらだと思いますか？

Ⓐ 強そうで男らしい顔

Ⓑ 血色の良い健康そうな顔

39 「男らしさ」よりも求められていること

実験によると、**女性は強そうで男らしい顔より、血色の良い健康的な顔のほうを魅力的と感じる**ことがわかったのだそうです。

意外にも被験者の女性たちは、がっしりした顎《あご》や盛り上がった筋肉など、男らしいとされてきた特徴をそれほど好まなかったというのです。

これは、ボディビルなどで日々肉体を鍛えているマッチョな男性たちには、ショックな結果かもしれませんね。一方、見た目は頼りなさそうでも、顔色だけは健康そうな男性には朗報かも？

実験を行なったのは、イギリス・ブリストル大学の実験心理学者イアン・ペントン・ボーク博士らの研究チーム。

2010年に発表されたこの研究結果は、学会でも注目を集めました。

というのも、この発見は「女性は男らしい風貌の男性に惹かれる」とする従来の研究結果に反するものだったからです。

　がっしりした顎や筋骨隆々《きんこつりゅうりゅう》な肉体といった男らしい風貌は、これまで**「病気に対する抵抗力」**や**「より健康な子孫を産み出すための長期的な資質」**として重要視されてきました。それを覆《くつがえ》すような結果だったのですから、専門家がざわついたのも無理はありません。


　この結果を、博士たちはこう分析しました。

「女性たちは男らしい男性を求めるというより、**『この相手は健康か病気か』**という直近の問題により関心があるのではないか」

　実験に参加したのは、平均年齢19歳の白人女性たち。彼女たちに見せたのは、イングランド北部出身の平均年齢27歳の白人男性20名の顔写真。顔色と男らしさの度合いについては点数がつけやすいように数値化がなされました。

　すると、**女性たちは、黄味と赤味の強い肌の男性が、最も魅力的であると判定した**というのです。

　続いて、もとの写真にデジタル処理をほどこし、男性的な特徴と女性的な特徴をそれぞれ強調した顔を作り、被験者に魅力的と思うほうを選ばせました。この場合でも、女性は「より男性的な顔」に強い興味を示すことはそれほどありませんでした。

この調査は白人を対象に行なわれましたが、そうした傾向は人種や文化を問わず一定である可能性が高いと博士は言います。たとえば南アフリカのズールー族の女性を対象にした実験でも、黄味と赤味の強い肌の南アフリカ男性が好まれるという結果が出ているそうなのです。

もちろん、これは「女性が男性のどこに魅力を感じるか」という実験であって、「女性がどんな男性を恋人に選ぶか」を調べたものではありません。

たとえば**どんなに健康的な顔をしていても、経済力のあるなしで女性の判断が変わることは、さまざまな調査で明らか**になっています。

ですから、健康そうな顔をしているからといってモテるとは限りません。男性の読者の皆さん、その点だけは勘違いなさらないように。

「健康的な男性」が好まれるのは、人種や文化を問わない

40 男と女はなぜ、不倫をやめられないのか

「天災は忘れた頃にやってくる」

これは科学者にして随筆家でもある寺田《てらだ》寅彦《とらひこ》の有名な言葉ですが、忘れるヒマがないほど頻繁に耳に届いてくるのが芸能界、時には政界をもにぎわす不倫騒動。

不倫は、周囲の人にとっても、また本人にとっても不利益にしかならない恋愛の形態。道ならぬ恋です。

それなのになぜ、そうした関係にハマってしまう人がこうも多いのでしょう。

40

「これは恋なんだ」と錯覚させるもの

「妻を尊重しなければならない」「ファミリーの仲間の妻に手を出してはならない」こんな真っ当すぎる決まり事を文章にしたためたのは、泣く子も黙るシシリアンマフィアのボス。

1963年、その組織の実態が明らかになったとき、同時に公表された**「血の掟《おきて》（マフィアの十戒《じっかい》）」**に本当にそう書いてあったのだとか。

社会の掟を破るのが当たり前のような組織の人間たちにとっても、道ならぬ恋はご法度《はっと》だったということ。裏を返せば、掟として記しておかなければならないほど、そういう関係にハマってしまう者たちが後を絶たなかったということでもあるのかも。

なぜ、人は不倫のような危険な恋に足を踏み入れてしまいがちなのでしょう。

その謎を解くには、**『吊《つ》り橋効果』**という恋の心理法則をご紹介する必要があるかもしれません。

これは1974年に、ブリティッシュ・コロンビア大学のドナルド・ダットンとニューヨーク州立大学のアーサー・アロン両教授が提唱したもので、**異性と一緒にスリルを味わうような体験をすると、その興奮状態を恋愛によるものだと勘違いして、結果的に恋愛関係になってしまう**というもの。

二人はそれを実験で証明するために、とある渓谷《けいこく》に架《か》かる高低差が70メートルもある吊り橋に被験者たちと向かいました。実験に協力したのは18～35歳までの独身男性。彼らは博士たちの指示に従って、1人ずつ目もくらむような吊り橋を恐る恐る渡って行きました。

と、橋の中央で若い女性が待っていて、アンケートに答えてほしいと話しかけてきました。

そして、アンケートが終了すると、女性は「結果などに関心があれば、後日電話をください」と言って電話番号を教えてくれました。

結果はご想像の通り。ほとんどの男性が女性に電話をしてきたそうです。もちろん、結果を聞くというのは建て前で、それ以上の何かを期待して。

つまり、ほとんどの男性が吊り橋を渡ったために生じた興奮状態を、「彼女に恋をしたから心臓がドキドキしているんだ」と誤解して、恋愛感情を抱いてしまったわけです。

この実験は、頑丈な橋を使っても行なわれました。でもその場合、**アンケートをとった女性に電話をしてきたのは1割程度だった**とのこと。

つまり、ドキドキがなければ胸が騒ぐこともないということ。ドキドキこそが恋の特効薬だということです。

そんなドキドキする状況が、不倫をする2人には次々に訪れます。

「会社の同僚にバレるんじゃないか」「彼の奥さんに気づかれたらどうしよう」「スマホの履歴を妻に見られたかも」……そのたびに彼らはスリルを味わい、『吊り橋効果』が二重にも三重にも働くようになります。

危険であればあるほど恋は燃え上がるということ。だからなのでしょうかね、いくら〝文春砲〟がさく裂しても不倫の恋が止むことがないのは。

人は「スリル」を「恋愛感情」と混同する

41 寂しさや疑い、不安をなくすためには……

結婚している夫婦の中には、転勤のために離れて暮らすカップルもいます。

今は交通機関やネット環境が発達しているとはいえ、遠く離れた場所で暮らしていると、寂しさや不安、そして小さな疑念が生まれてきたりして、お互いにストレスをためるもの。

そんなカップルの救いとなるような心理学の研究ってないものでしょうか。

41 〝離婚率〟を下げる具体的な方法

それがあるのです。

科学雑誌『サイコロジカル・サイエンス』（2017年6月）に発表された研究によると、**子犬、子猫、ウサギといった写真を異性のパートナーの写真とともに見続けると、そうでない場合と比べて、パートナーへの好ましい感情が強くなる**ことが明らかになったのだそうです。

この研究は、アメリカ国防総省の資金援助のもとで行なわれたもの。

なぜそんなお堅《かた》い省庁が関わることになったのかというと、この研究が、世界各地に派遣される軍人と、その留守を守る家族たちへの精神的な支援を目的としてなされたからです。

ある調査によると、**退役軍人の離婚の確率は一般人と比べて62%も高い**というデータがあるそうで、国防総省としてもこれ以上放置はできないと考えたのでしょう。

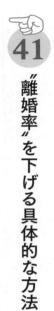

研究を主導したのは、米フロリダ州立大学の心理学者ジェームズ・K・マクナルティー博士とその研究チーム。

博士たちは、結婚しているカップル144組（平均年齢28歳）を対象に実験を行ないました。どのカップルも結婚5年未満で、40％には子どもがいました。期間は約6週間。実験は144組を2つに分けて次のようにして行なわれました。

Aグループ……パートナーの写真に、子犬など良いイメージの写真を組みあわせた一連の画像を3日ごとに見せる

Bグループ……パートナーの写真に良くも悪くも感じない家庭雑貨などの写真を組みあわせた画像を3日ごとに見せる

そして2週間に1度、カップルのそれぞれのパートナーに対する気持ちを、聞き取り調査しました。

また、パートナーの写真と単語を組みあわせるテストにより、相手への気持ちが確認され、関係の質と満足度については質問票により調査されました。

その結果、**子犬などの良いイメージの写真を見たカップルは、相手に対してより好ましい感情を抱く**ことがわかりました。

また、相手に対して良い印象を抱いたカップルは、結婚関係についても満足度が大きく向上していることがわかったというのです。

パートナーの写真と一緒に子犬の写真を見るだけで、幸せが取り戻せるというのなら安いものだと思いませんか。

とはいえ、可愛い子犬の写真だけではもちろん限度があります。さすがに離婚一歩手前の完全に冷え切った夫婦関係を救うことにはつながらないのだとか。

それはそうです。この研究のそもそもの目的は「離れているカップルが結婚における情熱を取り戻すための簡単な方法」についてその可能性を見いだすためのもの。

博士も、**「パートナーとの関係を改善する最良の方法は、やはり実際の交流にある」**とはっきり述べています。

「可愛らしいもの」のイメージを自分に重ねさせると、愛が戻る

42

なぜ「あの人」と惹かれあった？

愛しあう人同士は〝運命の赤い糸〟で結ばれていると、よくいわれます。
あなたはそれを信じますか？

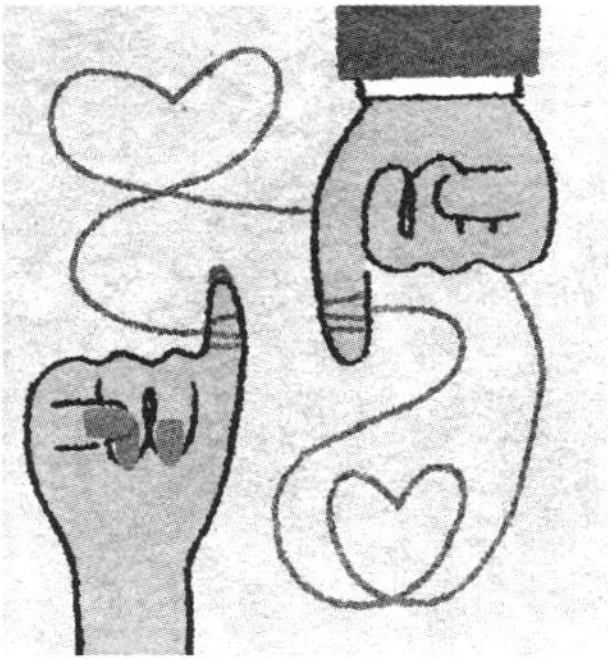

42 「彼を見つけた」「彼女に恋した」——本当に？

どうせ恋をするのなら、運命の赤い糸で結ばれた人としたいもの。恋にロマンを感じる人なら、余計に赤い糸の伝説を信じたくなるものです。

これからご紹介する心理実験は、そういう方にはあまり嬉しくない結果報告になるかもしれません。

人は自分が見たもの、体験したものは確かなもの、本物だと思いがちです。それだけに、自分が一目ぼれした人とは赤い糸でつながっていると思いたいものです。

でも、実はその確信はあやふやなものかもしれないのです。

私たちの目がいかにあやふやなものかを実証したのは、スウェーデン・ルンド大学のペーター・ヨハンソン博士率いる研究チーム。

研究者たちは、まず被験者になった男性100人に2人の女性の顔写真を見せ、「より魅力的だ」と思うほうを選んで手にしてもらいました。

男性たちが好みの女性を選ぶのに、それほど時間はかかりませんでした。

選んだ写真は、いったん男性たちから返してもらいます。

この実験が面白いのはその後です。

そこで研究者たちはあるいたずらを仕掛けたのです。

トランプのマジックの技を使って、被験者が選んだ写真を、選ばなかったもう一方の写真と一瞬ですり替えてしまったのです。

すり替えた写真は男性に戻されます。

さて、受け取った男性はどんな反応を示したでしょう。

なんと8割近くの人が、戻ってきた写真を見てもすり替えに気づかなかったのです。

心理学では『**選択盲**《せんたくもう》』といいますが、自分で「こちらが好みの顔」と選んだのに、人はそれを覚えているとは限らないのです。

もっと興味深いのは研究者が「なぜそちらの写真を選んだのですか?」と聞いたときの男性たちの反応でした。

男性たちの多くが、すり替えられた写真をじっくり見ながら、「この女性のほうが僕の好みの顔だから」「目がきれいだから」などと、好きな理由を当然のような顔をして答えたというのです。

つまり、**「自分が選んだのだから好きなところがあるに違いない。そうだ、ここが気に入ったからこそ、この女性を選んだのだ」と、写真の中から好きな理由を見つけ出してしまった**のです。

すり替えられただけで、相手と自分を勝手に赤い糸で結んでしまったというわけです。

両思いだと思っているあなたも、もしかしたら被験者となった男性たちと同じように、後づけで好きな理由をこじつけただけかもしれないということです。

いやいや、たとえ後づけでも好きなところが見つけられるだけでも、幸せなことかもしれませんが。

❗「好きになった理由」は、たいてい後づけ

6章

人を自分を、「思い通り」に動かすことはできるのか？

……能力、やる気、モチベーションの心理実験

人や周囲に、期待通りに動いてほしい。
あるいは、自分の能力を高めたい。

そんなふうに〝自他をコントロール〟できたら……
と思ったことはないでしょうか。

その方法を明らかにすることに、
さまざまな心理実験が挑《いど》んできました。
あなたも、ページをめくりながら
頭をひねってみてください。

43 「言葉のかけ方」で、結果は劇的に変わる

ニューヨーク市の小学5年生数百人を対象に、こんな実験が行なわれました。小学生をAとBの2つのグループに分けて、1人ずつ比較的簡単なパズルを解いてもらった後、それぞれ次のようにほめました。

Ⓐ「キミはパズルの才能があるね」

Ⓑ「よくがんばったね」

続いて子どもたちは、次に受けるテストを2種類の中から自分で選ぶように言われます。1つはさっきのよりもっと難しいパズル。もう1つはさっきと同じ難易度のパズルです。

さて、難しいパズルをより多く選んだのは、A、Bどちらだったでしょう?

43 「才能」をほめられると、人は失敗が怖くなる

難しいパズルを選んだのは、Ⓑの小学生たちでした。

「よくがんばったね」とほめられた小学生の90パーセントが、もっと難しいパズルを選んだのです。一方、才能をほめられた子どもたちのほとんどは、簡単なパズルを選びました。

なぜ、ほめ方を変えただけで、こんなに違いが出たのでしょう。

その理由を解明するためにニューヨーク在住の小学生を対象に実験を行なったのは、スタンフォード大学の心理学者、キャロル・ドゥエック博士でした。

ドゥエック博士は、子どもを対象に長い間研究を進めるうちに、気づいたことがありました。それは、学ぶことが大好きで何にでも挑戦しようとする子どもがいる一方で、失敗することを恐れ、新しいことに挑戦することを避けようとする子どももいるということ。

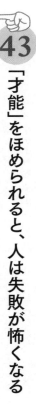

なぜ2つのタイプに分かれてしまうのか。

それは、**親や教師のほめ方によるのではないか**と推論を立て、こんな実験をしてみたのです。

まず、子どもたちには比較的簡単なパズルにトライしてもらいました。その後、子どもたちを成績が偏《かたよ》らないように配慮して、2つのグループに分けました。

グループ分けをした時点では、両グループの成績はまったく等しいものでした。

そして、Aグループの子どもたちに対しては「パズルの才能があるね」と〝**知性**〟をほめました。

一方、Bグループの子どもたちに対しては「よくできたね、がんばったね」と〝**努力**〟をほめました。実は、その違いが大きかったのです。

努力をほめられたBグループの子どもたちは、難しい問題にも果敢に挑戦し、もっと努力をして、なんとか難問を解こうとしました。

一方、**前のテストで知性をほめられたAグループの子どもたちは、自分への評価を下げないために無難なゲームを選んでしまいました。**失敗を恐れて守りに入ってしまったのです。

AとBのグループの違いは、その後のテストでも明確に表われました。努力をほめられたBの子どもたちは、以前よりはるかに成績を上げたのです。彼らの成績は平均して30パーセントも向上したといわれています。

Bの子どもたちは、難しいことに挑戦しようと意気込んでいるので、多少の失敗にもへこたれず、能力を格段に向上させることができました。

一方、才能をほめられたAの子どもたちは、点数が平均して20パーセントも下落するという結果に。彼らは失敗するとすぐに意気消沈し、実際に能力も低下してしまいました。

この結果から博士は、**「子どもに対して生まれつきの頭の良さや才能をほめると、間違ったメッセージを送ることになってしまう」**と警鐘《けいしょう》を鳴らしています。

つまり、ほめるのなら、子どもの能力ではなく努力して成し遂げたことをほめるべきだということ。さて、あなたは我が子にどんなほめ言葉をかけているでしょうか。

❗「成し遂げたこと」をほめてあげる

44 ピンチを逆転させたいときに

あなたは今、将棋の棋士として強敵と対局しています。
局面は劣勢。あなたにはかなり不利な状況です。
それを挽回《ばんかい》するために、あなたは心理戦を仕掛けようとしています。
さて、どちらのほうが効果があると思います？

Ⓐ 不敵な笑みを浮かべて、相手を挑発する
Ⓑ 頭をかきむしって、焦っているフリをする

44 「口角を上げる」だけでもすごい効能

より効果があるのはⒶです。

ドイツのマンハイム大学の心理学者チームが1988年に行なったこんなユニークな実験があります。

まず、被験者を2組に分けます。一方はペンを上下の歯でくわえるように指示され、もう一方は唇でペンの先っぽをくわえるように指示されました。

そして、そのままの姿で漫画を読ませ、面白さを評価してもらったのです。

すると、**ペンを歯でくわえた被験者のほうが、唇でくわえた被験者よりも、漫画を面白いと感じていることがわかった**のです。

なぜでしょう。

ペンを歯でくわえると、歯をむき出しにしてニカッと笑っているような顔になります。すると、その表情が心理に影響を与えて、**「漫画が面白いと笑う。ということは、**

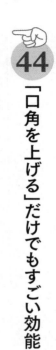

笑っているのは面白いからだ」と、人は勝手に思い込むようになるというのです。

ペンの先を唇でくわえると、決して笑顔にはなれません。すると「笑わないのは漫画がそれほど面白くないからだ」と人は思い込み、評価が低くなってしまうのです。

つまり、人は無理にでも笑うことで、気持ちが前向きになり、物事をポジティブにとらえることができるようになるということ。

大して面白くない話でも、愛想笑いをしているうちにだんだん楽しくなってきたという経験があるとしたら、それはこの効果のおかげだったのです。

この結果から導き出されるのは、**厳しい状況でも「不敵な笑みを浮かべる」ことができれば、気持ちがポジティブになり、打開策も見いだせるようになる可能性がある**ということ。

笑うことで相手に余裕を感じさせる効果もあるかもしれませんが、それ以上に自分を鼓舞《こぶ》する効果があるということです。

哲学者で心理学者でもあったウィリアム・ジェームズの言葉にもこうあります。

「楽しいから笑うのではない。笑うから楽しいのだ」

イギリスの作家ジョージ・エリオットはこういいました。

「微笑《ほほえ》めば友達ができる。しかめっ面をすればしわができる」

アンネ・フランクも日記にこう記しています。

「薬を10錠飲むよりも、心から笑ったほうがずっと効果があるはず」

精神科医で随筆家でもある斎藤茂太の言葉には、こんなものがあります。

「人の顔を美しくする最高の美容術は、笑いである」


まさに「笑う門には福来る」です。

困難な立場に立たされたとき、人はどうしても暗い顔をしてしまいます。それでは気持ちがネガティブになるばかりで、打開策を見いだすことはできません。

そういうときは努めて笑顔になることです。そうすれば、きっとあなたの内側から光明《こうみょう》がさしてくるはずですから。

無理にでも笑えば、感情が追いついてくる

45 「鏡」が映し出す心模様

あなたはこれから、スポーツジムにあるエクササイズ用の自転車で、汗を流そうとしています。

さて、エクササイズの効果がより期待できるのは、どちらだと思います？

Ⓐ エクササイズバイクの前の壁に、大きな鏡がある

Ⓑ エクササイズバイクの前は、無機質な壁だけ

45 「鏡」のネガティブな使い方、ポジティブな使い方

鏡があるほうが、がんばっている自分を見ることができて励みになりそうな気がしますが、実験によるとⒷのほうが、効果が期待できるようなのです。

実験を行なったのは、カナダにあるマクマスター大学のキャスリン・マーティン・ジャニス博士とその仲間の研究者たち。

被験者となったのは、運動不足を気にしている20代前半の女性58名。

被験者たちは、大きな鏡に向かってエクササイズバイクのペダルを漕《こ》ぐグループと、むき出しのコンクリートの壁に向かってペダルを漕ぐグループに分けられ、エクササイズをスタートさせました。

20分間のエクササイズが終了した後、感想を聞き疲労度を計測してみたところ、常に鏡を見て運動していた女性たちは壁だけを見ていた女性たちに比べて、「疲れた」「当分やりたくない」という感想を述べた人が多く、また疲労度も高いという結果が出たのです。この結果から研究者たちはこう結論づけました。

「被験者たちは、鏡に映る情けない自分の姿に意欲をそがれ、プラス効果よりマイナス効果のほうが強く出たと思われる」

自分の体型を気にしている人は、鏡を見ないほうがエクササイズの効果は上がるということでしょうか。でもこれ、自分の体型に自信を持っている人で実験をしたら、逆の結果が出たかもしれませんね。

鏡については、こんな実験もあります。

アイオワ州立大学の研究チームの実験によると、鏡で自分の体型を見ることで減量に効果があることが判明したというのです。

スーパーマーケットに高脂肪《しぼう》のマーガリンと低脂肪のマーガリンの試食コーナーを設けたところ、鏡を置いたブースと鏡を置かなかったブースとでは売れ方に大きな違いが出てしまいました。

鏡を置いたブースでは、鏡に映る自分の体型を意識してか、高脂肪のマーガリンの売れ行きが低脂肪のものより32%も低くなったというのですから、驚きというか納得というか……。

また、鏡を使った実験ではこんなこともわかっています。

名古屋大学の中田龍三郎研究員、川合伸幸准教授らのグループが行なった実験によると、鏡に映った自分の姿を見ながら食事をすると、鏡を見ないで食事をするときよりも、おいしく感じることがわかったというのです。

『**社会的促進**《そくしん》』という心理用語がありますが、人は他人と一緒に活動をするほうが単独で活動するよりも、その行為への意欲が増すことが知られています。1人で食事をするより、カップルや家族で食事をするほうが、おいしく感じるのはそのせいです。

ならば、1人で食事をするにしても鏡を前にして自分の姿を見ながらだったらどう感じるのだろう。『社会的促進』の効果は出るのだろうか——それを実験で確かめたのです。実験は、65歳以上の高齢者と大学生を対象にして行なわれました。

その結果、**年齢に関係なく鏡の前で食べたほうが、鏡がない状態で食べるよりも、おいしいと感じ、実際に食べた量も増えた**というのです。

ものは使いよう、鏡も使いよう、ということですね。

鏡の使いようであなたの〝意欲〟は変わる

46 仕事がはかどるのは、どっち?

オフィスの環境。
どちらのほうが生産性を上げられると思いますか?

Ⓐ 照明を昼光色から電球色にする
Ⓑ 観葉植物を置く

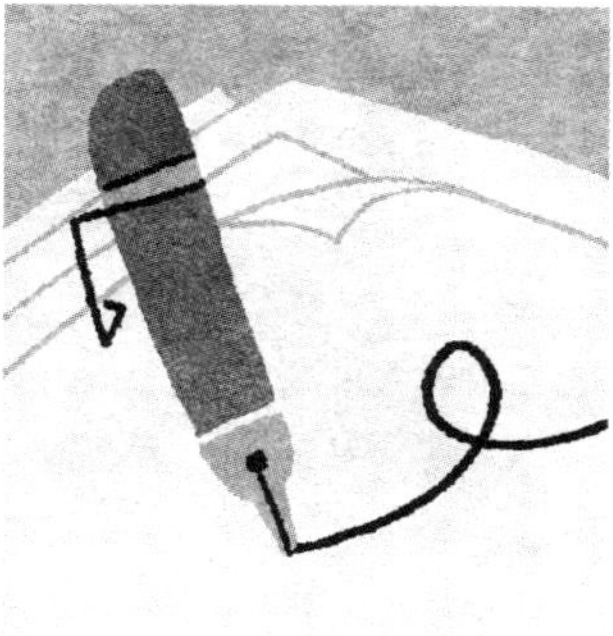

46 生産力が上がり、良い結果が出る環境

Ⓐの「昼光色（青白い光）を電球色（黄色い光）にする」というのは、生産性を上げるという目的のためには逆効果になりそうです。電球色はリラックス効果があり、ゆったり過ごすには最適ですが、そのぶん、集中力が減退して生産性は落ちる可能性があるからです。

一方、Ⓑの**「観葉植物を置く」は生産性が上がることが実証されています。**

それを実験で確かめたのは、エクセター大学のクリス・ナイト博士と同僚の心理学者たち。

彼らの10年がかりの研究によると、**オフィスにいくつかの観葉植物を置くことで、同じオフィスでも従業員たちが活動的に働くようになり、生産性が15％上昇すること**が判明したというのです。

実験の場となったのは、オランダやイギリスにあるコールセンターなどの大規模な

オフィス。そこに1平方メートルごとに観葉植物を設置し、さまざまな配置の仕方が試されました。

博士は言います。

「重要なのは、誰もが机から植物を見ることができるように配置すること。そうした心理的な刺激を与える何かがオフィスにあるだけで、従業員はより幸せでより良く働くことができるのです」

オフィスの環境は、効率性や機能性ばかりを優先するべきではないということ。経営者からすればオフィスの備品代はできるだけ抑えたいというのが本音かもしれませんが、観葉植物にコストを割《さ》くだけで、従業員全員が伸びやかに仕事ができて業績もアップするというのですから、費用対効果は計り知れないものがありそうです。

博士はこうも述べています。

「アリを空のジャム瓶《びん》に入れたり、ゴリラを何もないケージに入れると、彼らは惨《みじ》めに見えるでしょう。質素なオフィスで働く人々も同じく悲惨《ひさん》なのです」

植物のある環境がもたらすプラスの効果はそれだけではありません。

「良いアイデアを思いつく確率も15%アップした」という結果も出たそうです。

イギリスの物理学者ニュートンは、リンゴの木から実が落ちるのを見て万有引力《ばんゆう》の法則の着想を得たという逸話《いつわ》は有名ですが、それもニュートンが机にばかりかじりついていないで植物を眺めていたからこそだったのかもしれませんね。

他にも「観葉植物があると、従業員のストレスや疲労などが改善する」といった研究結果もあるそうで、オフィスに観葉植物を飾っておくことでいろいろなプラス効果が知らないうちに起こっていることになります。

さて、あなたの職場には観葉植物はあるでしょうか。

たとえ大きなものはなくても、デスクにミニ観葉植物が一鉢あるだけでもあなたの仕事の後押しをしてくれるかもしれませんよ。

職場の全員が見られるところに、観葉植物を置く

47

「〝我慢〟をしてみなさい」

自分が幼稚園児だったらと想像しながら、考えてみてください。

心理学者が幼稚園児を対象に、こんな実験をしてみました。

「キミの目の前にクッキーが1つあるよね。すぐに食べてもいいけど、私が戻ってくるまでの15分間、食べるのを我慢できたら、もう1個あげるよ。さあどうする?」

そう言って心理学者は部屋を出ていきました。

さて、あなたが幼稚園児だったらどっちを選んでいたでしょう?

Ⓐ 我慢できずに食べてしまう
Ⓑ 15分間我慢して2個もらって食べる

47 「自制心」は勉強の成績に比例する

これは、スタンフォード大学の心理学者ウォルター・ミシェル博士が考案した『マシュマロ実験』をもとにした設問です。

この実験は、スタンフォード大学の付属幼稚園に通う4歳児を対象にして行なわれたもの。今すぐ1個のマシュマロを食べるか、しばらく我慢して3個のマシュマロをゲットして食べるかを観察して、子どもの自制心の高さを測ろうというものでした。

被験者となった子どもはまず、マシュマロが1つだけ置かれたテーブルと椅子のある部屋に入ります。そこで博士から、こう説明を受けるのです。

「目の前にあるマシュマロは君にあげるものだけど、私が戻ってくるまでの15分間に食べるのを我慢したら、もう1個あげる。でも、もし食べてしまったら、2つ目はあげないよ」

そう言って博士は部屋から出ていきました。そして、設置しておいた隠しカメラの映像で、子どもの行動を別室で観察しました。

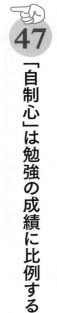

我慢できた子どもは、手で顔を覆《おお》ってマシュマロを見ないようにしたり、歌を口ずさんで気をまぎらわせたり、「待っていればマシュマロが2個」とつぶやいたりと四苦八苦。一方、マシュマロをじっと見つめたり触ったりしていた子どものほとんどは、我慢できずに食べてしまうという結果になりました。

さて、あなたが幼稚園児だったらどっちを選択していたでしょう。

Ⓐの「我慢できずに食べてしまう」を選んだとしても恥ずかしがる必要はないかもしれません。実験でも全体の8割近くの幼稚園児がⒶの行動をとってしまったのですから。目の前によだれの垂《た》れそうなものがあるんです。子どもに自制心を働かせろと言っても無理な話ですよね。

でも、もしあなたがその後の追跡調査の結果を知ったとしたら、安閑《あんかん》とはしていられなくなるかもしれません。

このマシュマロ実験はその後18年間、同じ子どもたちが22歳になるまで追跡調査が行なわれたのです。そして、その結果は実に興味深いものでした。

4歳時にお菓子を我慢できた子（Ⓑ）は我慢できなかった子（Ⓐ）と比べると、

その後の学業成績が良く、理性的にふるまうことが多いので問題行動も少なく、大学入試でも平均より相当高い点数をとる子が多かったというのです。

しかも、成人後の肥満指数が低く、対人関係に優れ、自尊心も高いとの報告まであったというのですから、聞き捨てにはできません。

つまり、4歳の頃に食べたいものを我慢できた子は、その自己コントロール力で、その後、ゲームにうつつを抜かすこともなく、やるべき宿題を帰宅後すぐに取り組めるような子になり、その積み重ねのおかげで成績優秀で、しかも心身ともに整った人間になる可能性が大きいということ。

この実験一つで結論を出すのは性急すぎると思われますが、自制心のきかない幼少時代を過ごした我が身を振り返ると、冷や汗たらりの実験結果ではあります。

「我慢できること」は、あらゆる能力につながる

48

“ごほうび”の効果、どう出るか

家の前のゴミの集積場の掃除をしてくれる、とても感心な小学生の女の子がいます。

「今どき珍しい子がいるものね。何かお礼をしなくっちゃ」

そう思った集積場の家に住むおばあさんは、その子に毎回１００円お小遣いをあげることにしました。

さて、お小遣いをもらった女の子はどうしたでしょう?

Ⓐ ますます掃除に励むようになった
Ⓑ そのうち掃除をやめてしまった

48 〝報酬〟は、モチベーションにこう影響する

親切なふるまいにお礼をするというのは、自然な行為かもしれません。

でも、この場合は余計なお世話になる場合が多いのです。つまり、お小遣いをもらったばかりに、やる気がなくなって掃除をやめてしまうことがよくあるということ。

なぜやめてしまうのか。それは『アンダーマイニング効果』が働くから。

抑制効果とも呼ばれていますが、**外から報酬を与えられることで、その人の内的なモチベーション（やる気）が弱まったり、ヘタをするとゼロになってしまうこともある現象**のことをいいます。

このことは、1971年に効果の提唱者でもあるエドワード・L・デシ博士が実験で確かめています。

実験は大学生を対象にして行なわれました。被験者を2つのグループに分けて立体パズル作りに挑戦してもらったのですが、2つのグループには次のような違いを設け

ました。

Aグループ……パズルが1問解けるたびに1ドルの報酬を与える

Bグループ……パズルが解けても報酬は与えない

そして、2問終了した時点で、試験官は口実をつくって部屋を後にしました。別室のモニターで学生たちを観察するためです。

すると、Aグループの学生たちは立体パズル作りをやめてしまいましたが、Bグループの学生たちは勝手に次のパズル作りを始めてしまいました。

Aグループの学生たちは、金銭的な報酬を与えられたことで、パズルは報酬を得るための手段になってしまい、作ることへの興味や意欲を失ってしまったのです。

モチベーションには「内発的」なものと「外発的」なものの2種類があります。

内発的なモチベーションとは、自分の心の内からわき出てくるもの。先の掃除をしていた小学生の女の子がその例で、自分がやりたいからやっていたのです。

それに対して、外発的なモチベーションとは、外から与えられるもの。

つまり、別にやりたくはないのだけれど、お金がもらえるから、ペナルティを科せられたくないからやるというもの。給料をもらってやっている仕事などがその例でしょう。

つまり、女の子は自分がやりたいから掃除をしていたのに、お小遣いをもらったことで「報酬がもらえるから掃除をする＝やりたくないことをそのためにする」という意識に変わってしまったということ。

すると、「たった100円でやりたくもない掃除をするわけ？」という気持ちがわいてきて、やる気を失ってしまうんですね。サラリーマンが「安月給でこき使われている」とグチをこぼすのと同じです。100円というお小遣いをもらったばかりに、あんなに楽しくやっていた掃除が苦痛になってしまうというわけです。

災害時に大活躍してくれるボランティアも同じです。彼らは手弁当だからこそ、あんなに労を惜しむことなく働いてくれるのです。少しでもごほうびがもらえると、このアンダーマイニング効果が働いてやる気をなくすか、当初の志《こころざし》を忘れて儲《もう》け主義に走ってしまう人も出てしまうんですね、残念なことですが。

〝内発的な動機〟は、長く続く

49 食べたい？ 食べたくない？ もっと食べたい？

ダイエット中の人たちをA、B、Cの3つのチームに分けて、次のような実験をしました。

Aチーム……何も食べさせない
Bチーム……カロリー高めのお菓子を少量食べさせる
Cチーム……カロリー高めのお菓子を満腹になるまで食べさせる

小休憩の後、全員を食べ物が用意された別の会場に連れていき、それぞれのチームの人たちがどれだけ食べるかを観察しました。
さて、最もたくさんの量を食べたのは、どのチームの人たちだったと思いますか？

49 〝三日坊主〟にならないために知っておきたいこと

『どうにでもなれ効果』というユニークな名前のついた心理学用語があります。

命名者は、トロント大学の心理学者でダイエット研究者のジャネット・ポリヴィ博士とC・ピーター・ハーマン博士。

設問の実験も両博士が行なったものなのですが、結果として最もたくさんの量を食べてしまったのは、満腹だったはずのCチームの人たちだったのです。

最も食が細かったのは、何も食べていないAチームでした。

なぜCチームの人たちは自分でも呆《あき》れるほど食べてしまったのでしょう。

それは、最初の指示でカロリー高めのお菓子を満腹になるまで食べてしまったのが原因でした。そのせいで、**「ああ、自分は禁《きん》を破ってしまった。ええい、もうどうにでもなれ！」といった投げやりな気持ちになって、歯止めがきかなくなってしまった**のです。それこそがまさに『どうにでもなれ効果』。

一方、何も食べなかったAチームの人たちは、まだダイエット継続中ですから、どんなに空腹でも自制心を働かせることができたんですね。

2人は他にもこんな実験をして、『どうにでもなれ効果』を実証しています。

被験者は同じくダイエット中の人たち。その人たちには体重を量る目的で集まってもらったのですが、体重計にはちょっと意地悪な仕掛けがほどこされていました。体重が実際よりも、なんと3キロも多く表示されるようになっていたのです。

当然のことながら、体重計に乗った被験者たちは驚き、そして落ち込みました。ダイエット中なのに、いつもより体重が増えているんですものね。

会場には、体重測定のお礼の意味で軽食が用意されていました。それを見た被験者たちがどんな行動に出たかは、もうおわかりですよね。


禁酒や禁煙を始めた人が〝三日坊主〟で終わってしまいやすいのも、この『どうにでもなれ効果』が働いて、ちょっとつまずいただけであきらめてしまうのが原因。でもそれでは、「やっぱり俺（私）ってダメなヤツ」と自己嫌悪に陥るばかり。

自信を蘇《よみがえ》らせたいのなら、「100点じゃないなら0点でも同じ」と考えるのをやめること。3日続けて4日目に挫折《ざせつ》したのなら、「またやり直せばいい」と頭を切り替えて、5日目からまた新たに始めればいいのです。

「毎日続けるぞ」ではつらくなるので、毎日「今日から始めよう」と思うこと。それが続ける第一歩です。

ただ、注意することが1つ。

目標を高く掲げすぎると、**『いつわりの希望シンドローム』**に陥る危険性があります。**高い目標を立てると、脳は「目標を立てた」という行為自体に満足してしまい、その目標を達成するために必要な行動へのモチベーションが奪われてしまう**のです。

あなたも学生時代にこんな失敗をしたことはなかったでしょうか。受験のために綿密な勉強の計画を立てて表を作って壁に貼ったのはいいけれど、それで満足してほとんど何もしなかったといった経験。

もちろん、人生に大きな目標を立てるのは大切なこと。でも、そこに至るまでの**通過点として小さな目標を立て、それを地道に実現していくことが自信につながる**ということをお忘れなく。

〝大きな目標〟ではなく〝小さな目標〟を立てる

50

2分間で自信を取り戻す方法

しょんぼり落ち込んでいるとき、たった2分で勇気が百倍になる方法は、次のどちらだと思いますか？

Ⓐ冷たいシャワーを2分間浴びる

Ⓑ「エヘン」と胸をそらせて、自信ありげなポーズを2分間とる

50 ポーズをとるだけでストレスホルモンは減る

この設問は、ハーバード大学の社会心理学者エイミー・カディ博士の実験をもとにしたものです。カディ博士の専門はボディランゲージの研究。

人は会話中でも、言葉より**ボディランゲージ（表情、姿勢、身ぶり、しぐさなど）**で多くの情報を互いに伝えあっています。ボディランゲージを解読できれば、その人の気持ちを理解することもできるということ。

たとえば、人は気分が良いと自然に笑顔になります。落ち込んでいるときは自然と首はうなだれ背中も丸くなります。

人の気持ちとボディランゲージは連動しているのです。

連動しているだけに、面白い現象も起きます。無理にでも笑顔を作ると、だんだん気分が良くなるのです。また、上を向いて胸を張っていると、だんだん自信がわいてきます。

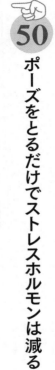

それを博士は実験で確かめました。

実験は、次の3段階で行なわれました。
① 実験前に被験者の唾液《だえき》をとります。
② 被験者を「ハイパワーポーズ」をとってもらうグループと、「ローパワーポーズ」をとってもらうグループに分けます。
「ハイパワーポーズ」とは、周囲に自分のパワーを見せつけるように胸を張り、なるべく自分を大きく見せるポーズ。

「ローパワーポーズ」とは、ひ弱な自分を表現するべく首をうなだれ体を縮こまらせるポーズです。

被験者たちにはそれぞれのポーズを2分間とってもらいます。
③ その後、二度目の唾液採取を行ないます。実験の前後に唾液をとるのは、唾液に含まれるホルモンを抽出し分析するためです。
すると、次のようなことがわかりました。

「ハイパワーポーズ」をとったグループは、男性ホルモンであるテストステロンの値

が20％上昇し、ストレスホルモンであるコルチゾールの値が25％下降していました。

つまり、**2分間ポーズをとっただけでパワフルな気分とやる気が出た**のです。

「ローパワーポーズ」をとったグループは、逆にテストステロンの値が10％低下し、コルチゾールの値が15％上昇していました。

つまり、2分間ポーズをとっただけで緊張が高まり、そのせいで疲労感や無力感を覚えるようになったのです。

上を向くと、自信も上を向く

この実験からもわかる通り、「しょんぼり落ち込んでいるとき、2分間で勇気百倍になる方法」とは、Bの「胸をそらせて自信ありげなポーズを2分間とる」でした。

このハイパワーポーズ、緊張する面接の前などに行なうと、かなり効果がありそうです。

ハイパワーポーズに決まりはないので、自分なりのポーズを日頃から研究しておくと、いざというときに役に立ちますよ。

35『図解　身近にあふれる「心理学」が3時間でわかる本』内藤誼人著（明日香出版社）
36『認知的不協和の理論』レオン・フェスティンガー著（誠信書房）
37『The Psychology of Sex and Gender』Jennifer K. Bosson 著（SAGE Publications）
38『その科学が成功を決める』リチャード・ワイズマン著（文藝春秋）
39「Does Masculinity Matter? The Contribution of Masculine Face Shape to Male Attractiveness in Humans」Ian・P・Voak 著（PLOS ONE 2010年10月27日号）
40「Some evidence for heightened sexual attraction under conditions of high anxiety」Donald G. Dutton, Arthur P. Aron 著（Journal of Personality and Social Psychology 1974年）
41「子犬の写真で異性の好感度アップと判明」(NATIONAL GEOGRAPHIC 2017年6月22日)
42「Peter Johansson's Experiment and Choice Blindness」explorable.com
43『マインドセット「やればできる!」の研究』キャロル・S・ドゥエック著（草思社）
44『図解　3秒で相手を操る！ビジネス心理術事典』内藤誼人著（イースト・プレス）
45「鏡で自分を見ると食事をおいしく感じる—大学生と高齢者の比較—」中田龍三郎他著（日本認知科学会2015年）
46「Plants in offices increase happiness and productivity」(The Guardians 2014年9月1日号)
47『The Marshmallow Test』Walter Mischel 著（Corgi）
48『人を伸ばす力—内発と自律のすすめ』エドワード・L. デシ著（新曜社）
49『Self-Control and Self-Modification of Emotional Behavior』Janet Polivy 著（Springer）
50『〈パワーポーズ〉が最高の自分を創る』エイミー・カディ著（早川書房）

Zimbardo 著（Nebraska symposium on Motiviation Vol 17. 1969 年）
20「Enhancing the Television-Viewing Experience through Commercial Interruptions」（Journal of Consumer Research 2009 年 8 月号）
21「Judgment under Uncertainty: Heuristics and Biases」Amos Tversky, Daniel Kahneman 著（1974 年）
22『ファスト&スロー』ダニエル・カーネマン著（早川書房）
23『幸せはいつもちょっと先にある——期待と妄想の心理学』ダニエル・ギルバート著（早川書房）
24「the fallacy of personal validation」Bertram R. Forer 著（1949 年）
25「How to Make Employees Feel Like They Own Their Work」（Harvard Business Review 2015 年 12 月 7 日号）
26『ハーバード大学教授が語る「老い」に負けない生き方』エレン・ランガー著（アスペクト）
27「男性と女性、物の見え方に違い」イズリエル・エイブラモフ著（Biology of Sex Differences　2012 年 9 月 4 日号）
28『The Last Mile』Dilip Soman 著（Guidance Centre Univ of Toronto）
29『栄養と料理』2015 年 01 月号（女子栄養大学出版部）
30 E テレ「サイエンス ZERO」2016 年 6 月放送／「ネコの気質的、行動的特性が及ぼす人への影響——ネコとの相互関係場面における人の前頭葉脳血流動態の測定」内山秀彦著
31「Pet's Presence and Owner's Blood Pressures during the Daily Lives of Pet Owners with pre-to mild hypertention」Erika Friedmann 著（Anthrozoos 26 号 2013 年）
32「As Valentine's day approaches, cardiologist describes broken heart syndrome」Loyola University Health System（Science Daily 2012 年 2 月 7 日号）
33『死ぬ瞬間—死とその過程について』エリザベス・キューブラー・ロス著（読売新聞社）
34「Elevated Use of Absolutist Words Is a Marker Specific to Anxiety, Depression, and Suicidal Ideation」Mohammed Al-Mosaiwi & Tom Johnstone 著（Clinical Psychological Science 2018 年 1 月 5 日号）

【本書の各項目の参考文献】

1『だれでも1日200回はウソをつく！』クラウディア・マイヤー著（CCCメディアハウス）／「The Morning Morality Effect : The Influence of Time of Day on Unethical Behavior」（Psychological Science　2013年）
2『その科学が成功を決める』リチャード・ワイズマン著（文藝春秋）
3『Social psychology』Solomon Asch著（Prentice-Hall）
4『冷淡な傍観者』J・ラタネ、B・ダーリー著（ブレーン出版）
5『Cringeworthy: A Theory of Awkwardness』Melissa Dahl著（Bantam Press）
6『影響力の武器』ロバート・B・チャルディーニ著（誠信書房）
7「感情とステレオタイプ化」野寺綾著（心理学ワールド52号）
8『ポジティブ精神医学』ディリップ・ジェステ他著（金剛出版）
9「Horizontal Hostility: Multiple Minority Groups and Differentiation from the Mainstream」Judith B. White著（SAGE Journals 2006年）
10『明日の幸せを科学する』ダニエル・ギルバート著（早川書房）
11『人の心は読めるか？』ニコラス・エプリー著（早川書房）
12『なぜあの人はあやまちを認めないのか』エリオット・アロンソン他著（河出書房新社）
13「あくび、近親者だと“伝染”しやすい？」アイバン・ノルシア著（PLOS 2011年12月号）
14『目撃証言』エリザベス・ロフタス他著（岩波書店）
15『幸福優位7つの法則』ショーン・エイカー著（徳間書店）
16「Scientists Identify Weight Loss Ripple Effect」（UCONN 2018年2月1日号）
17『服従の心理』スタンレー・ミルグラム著（河出書房新社）
18『選択の科学』シーナ・アイエンガー著（文藝春秋）
19「The Human Choice: Individuation, Reason, and Order Versus Deindividuation, Impulse, and Chaos」Philip

本書は、本文庫のために書き下ろされたものです。

ココロの謎《なぞ》が解《と》ける
50の心理《しんり》実験《じつけん》

著者　清田予紀（きよた・よき）
発行者　押鐘太陽
発行所　株式会社三笠書房
〒102-0072 東京都千代田区飯田橋3-3-1
電話　03-5226-5734（営業部）03-5226-5731（編集部）
http://www.mikasashobo.co.jp
印刷　誠宏印刷
製本　ナショナル製本

 ISBN978-4-8379-6884-9 C0130

王様文庫

王様文庫

心が深く見えてくる！

清田予紀の本

時間を忘れるほど面白い 人間心理のふしぎがわかる本

なぜ私たちは「隅の席」に座りたがるのか――あの顔、その行動、この言葉に〝ホンネ〟があらわれる！　◎「握手」をするだけで、相手がここまでわかる◎よく人に道を尋ねられる人の特徴◎いわゆる「ツンデレ」がモテる理由……「深層心理」が見えてくる本！

知れば知るほど面白い 人間心理の謎がわかる本

なぜそのひと言で〝炎上〟は起こるのか？　「なんで、そうなるの？」にズバリ答えます！　◎「目が合ったときの反応」で、本心が見えてくる　◎「手書きの字」を見るだけで、ここまでわかる　◎なにかと「影響されやすい人」の特徴……〝心の奥の奥〟を明らかにする本！

それ、「心理学」で説明できます！

世の中は、想像以上に「心」で動いている！　◎なぜ、人は行列に並びたくなる？　◎なぜ、仲のいい人とは〝雰囲気〟が似てくる？　◎何かに夢中だと、時間がアッという間なのはなぜ？　◎「短所」は、ホントに「長所」にもなる？　……身近な〝ミステリー〟が解けていく！

K30474